PIANO ORIENTAL

PIANO ORIENTAL

Piano Oriental

Text und Zeichnungen: Zeina Abirached

ISBN: 978-3-945034-48-4

Übersetzung: Annika Wisniewski
Redaktion: Filip Kolek
Korrektur: Benjamin Mildner und Mona Schütze
Lettering & Produktion: Tinet Elmgren
Herausgeber: Johann Ulrich

avant-verlag | Weichselplatz 3-4 | 12045 Berlin
info@avant-verlag.de

Mehr Informationen finden Sie online:
www.avant-verlag.de
facebook.com/avant-verlag

WER BIN ICH?
DAS IST DIE FRAGE, DIE ANDERE STELLEN.
ICH BIN MEINE SPRACHE.

- MAHMUD DARWISCH

BEIRUT, 1959.

REIB
KRATZ
KRATZ
KRATZ
KRATZ
NICHTS KONNTE SICH ABDALLAH KAMANJA AN JENEM MORGEN IN DEN WEG STELLEN.
tschi
tschi
AOOH
MORGEN, LUDWIG!
tschi
NA?
tschi
tschi
tschi
WAS ZWITSCHERST DU IN DEINER KANARIENSPRACHE?
tschi
♪
MORGEN, IHR!

HAST DU GUT GESCHLAFEN?
tschi
tschi
tschi
GUTEN MORGEN, MEIN SCHATZ.
tschi
tschi
tschi
يا حبّ حياتي!
tschi
tschi
tschi
tschi
KAFFEE IST FERTIG.
DANKE DIR!
tschi
POC
DENK BITTE AN DEN BRIEF!
tschi
NA KLAR!
tschi
PLOPP
tschi
SCHLÜRF
tschi
TIC-TIC
TIC-TIC
POC
tschi
HOPPLA!
ICH MUSS LOS!
SCHLÜRF!
SCHON?
NICHTS UND NIEMAND ...
SETZT DU JOSEPH BEI DEINER MUTTER AB?
JA, JA.
tschi
tschi
tschi
tschi
tschi
tschi
tschi
ACH!
UND VERGISS NICHT, WIR ESSEN HEUTE ABEND BEI VIDA UND ABDO!
SCHHHHHT, LUDWIG!
ICH VERSTEH JA GAR NICHTS!
... GLEICH WÜRDE ER VICTOR VOR DEM CINÉMA RIVOLI TREFFEN UND IHM DIE FROHE BOTSCHAFT VERKÜNDEN. DIE SONNE SCHIEN, ER WAR GLÜCKLICH ...

TA
TA
TAM
TA
SIE SIND GESPANNT AUF DIE NEUIGKEITEN!
... UND IN EIN PAAR TAGEN WÜRDE ER AN BORD EINES DIESER SCHIFFE GEHEN, DIE JEDEN MORGEN AN SEINEM FENSTER VORBEIFUHREN.
IN ORDNUNG!
TA
TA
„LIEBER HERR KAMANJA ..."
„BEZUGNEHMEND AUF IHR SCHREIBEN VOM 21.6. ..."
TAM
TA
TA
„GNMGNM GNMGNM GNM ..."
HA HA HA!
EIN HERRLICHER TAG!
... WAS, LUDWIG?
tschi!
HOPPLA!
ICH BIN SPÄT DRAN! JETZT ABER SCHNELL!
TA TA TA
TA TA
TA TA TA
TA
TAM
TAM
TAM

SCROUITCH

JA, ES WAR EIN HERRLICHER TAG!

SCROUITCHI

SCROUITCH

DEN KOPF IN DEN WOLKEN UND DIE FÜSSE IN DEM NEUEN PAAR ITALIENISCHER STIEFELETTEN, DAS BEI JEDEM SCHRITT FRISCH KNARZTE, SPAZIERTE ABDALLAH DURCH DEN STRASSENTRUBEL ZUM PLATZ DER MÄRTYRER.

SCROUITCH

SCROUITCH

DIE SCHUHE HATTE ER AM VORTAG GEKAUFT.

SCROUITCHI

SCROUITCHI
SCROUITCH
SCROUITCHI
SCROUITCH
SCROUITCHI
SCROUITCHI
SCROUITCHI
SCROUITCHI
LE FEU AU CAIRO
EMPIRE
NACH ERHALT DES BRIEFES WAR ER AUS DEM HAUS GESTÜRZT UND HATTE SICH, ENTGEGEN DER GEWOHNHEIT, ZUM SOUK EL TAWILEH ZU SCHLENDERN, FEIERLICHEN SCHRITTS ZUM WARENHAUS OROSDI-BACK AUFGEMACHT.
SCROUITCHI
SCROUITCHI
SCROUITCHI
SCROUITCHI
ES WAR EIN GROSSER TAG. ER MUSSTE WÜRDIG BEGANGEN WERDEN!
HOP
HOP
HOPA
HOP
CLAC!
SCROUITCHI
SCROUITCHI
SCROUITCHI
SCROUITCHI
SCROUITCHI
SCROUITCHI
SCROUITCHI
SCROUITCHI
SCROUITCH
SCROUITCHI
SCROUITCHI
SCROUITCHI

ABDALLAH MOCHTE WARENHÄUSER NICHT BESONDERS.
doch, klar!
er mochte
DEN GERUCH DES FAHRSTUHLS, DER IHN IN DIE HERREN-KONFEKTION IM 3. STOCK BRACHTE.
er mochte
DAS MEER AUS SCHUHEN HÜTEN KRAWATTEN STÖCKEN SCHIRMEN BRILLEN HANDSCHUHEN UHRENTASCHEN FÜLLERN ...
er mochte es,
SICH IN DEN MIT SCHLINGENTEPPICHEN AUSGELEGTEN GÄNGEN ZU VERLIEREN.
er mochte es,
EINEN ARTIKEL AUFZUSTÖBERN, IHN ZU UMKREISEN, IHN AUSZUPROBIEREN, ZU ÜBERLEGEN, ZU ÜBERLEGEN, WEITER ZU ÜBERLEGEN ...
UND SPÄTER WIEDERZUKOMMEN, UM IHN SCHLIESSLICH ZU KAUFEN.

ABER EINES STÖRTE IHN: ER VERMOCHTE SICH EINFACH NICHT DARAN ZU GEWÖHNEN, DASS MAN AN SOLCHEN ORTEN NICHT FEILSCHEN KONNTE.

… „FESTPREISE“, SPÖTTELTE DAS SCHILD HERAUSFORDERND UND IN NEONBUCHSTABEN.

… UND DIE GRAUSAMKEIT DIESES WORTES JAGTE IHM EINEN SCHAUER BIS IN DIE ZEHENSPITZEN HINEIN, DIE SICH ÄNGSTLICH IN DEN FLAUSCHIGEN SCHLINGEN DES TEPPICHS VERGRUBEN.

… DIESE „FESTEN PREISE“ KONNTEN IHM WIRKLICH DIE KAUFLAUNE VERDERBEN.

ABER MIT DEN VERA-PELLO-STIEFELLETTEN HATTE ER SCHON EINE WEILE GELIEBÄUGELT. ER HATTE DIE WERBUNG AUS DER ZEITUNG AUSGESCHNITTEN UND SIE IM FLUR NEBEN DAS TELEFON GELEGT.

„FESTPREISE" HIN ODER HER … ER HATTE SIE TROTZDEM GEKAUFT, SIE ANGEZOGEN UND OROSDI-BACK, KRICHZ-KRÄCHZ, MIT EINEM WEHMÜTIGEN GEDANKEN AN ALBERT VERLASSEN …

ER WAR TAKTVOLL GENUG, SEINEM KLIENTEN EINEN GEWISSEN SPIELRAUM ZU LASSEN,

übrigens
55?
95
60!
90
aus seinem Mund hing immer ein Faden heraus ...
PAF!
FÜR 75 PFUND NEHM ICH SIE, MEIN LETZTES ANGEBOT!
85
SIE RUINIEREN MICH!
DIE ALBERT'SCHE STRATEGIE
der bei jedem seiner Worte zitterte ...
HEP!
UND
SO GEHT'S!

... BIS ER HEITER ABER BESTIMMT SAGTE:

NEIN.
WEITER KANN ICH MIT DEM PREIS NICHT RUNTERGEHEN!
KAU KAU
... DAS SCHWÖRE ICH BEI CLAUDES KOPF!
ICH HAB'S IHR VERSPROCHEN, VERSTEHEN SIE?
وحيت كلود!
DAMIT WAR DIE VERHANDLUNG AUF DER STELLE BEENDET.

NORMALERWEISE GABEN SICH DIE KUNDEN DAMIT ZUFRIEDEN. SIE FANDEN ES ANSTÄNDIG, DASS DER GUTE MANN SEIN VERSPRECHEN HIELT. ABER WER WAR BLOSS CLAUDE? ... BESTIMMT SEINE FRAU.

UNTERDESSEN WARTETE VICTOR VOR DEM CINÉMA RIVOLI ...
TUUT
TUUT
Sean Connery
Joanne Woodward, Jean Seberg
"A Fine Madness"
We should all be so crazy
HEUTE ABEND
فاتن حمامه
فريد الاطرش
FATEN HAMAMA
FARID EL ATRACHE
عرانيس
عرانيس
لحن الخلود
TUUT

We should all be so crazy
ALSO ...
WIRKLICH ...
WO BLEIBT ER DENN BLOSS?!
UNFASSBAR.

IMMER KOMMT ER ZU SPÄT!
seufz
TUUT
بويا
بويا
TUUT

HA HA!
MEISTER ALBERT!
SCROUITCH
SCROUITCH
RADION
abc
SCROUITCH
SCROUITCH
Bata
SCROUITCH
HOPPLA!
ICH BIN SPÄT DRAN ...
ABDALLAH LEGTE EINEN SCHRITT ZU UND DACHTE, DASS ER BESTIMMT ALS EINZIGER VON ALBERTS KUNDEN WUSSTE, WER CLAUDE WAR ...

HUM
TUUT
TUUT
TUUT
عرانيس
عرانيس
TUUT
HUM
TUUT
TUUT
TUUT
... NICHT SCHLECHT, DIE KLEINE FATEN HAMAMA.
فاتن حمامه
FATEN HAMAMA
TAP
TAP
TAP
عرانيس
عرانيس
عرانيس
UND DIESE AUGEN ...
PFOUiii
TUUT
بويا
بويا
فاتن حمامه
FATEN HAMAMA
SCROUITCHI
SCROUITCH
VICTOR!
TUT MIR LEID, ICH BIN ZU SPÄT!

HEUTE ABEND
ABDALLAH, MEIN FREUND!
JA, WIE IMMER ZU SPÄT!
DU MACHST SO EIN VERGNÜGTES GESICHT!
PAF
PAF
PAF
PAF
WAAAH! DIE TRETER! ...
SIND SCHICK, ODER?
ICH HAB GUTE NEUIGKEITEN!
VICTOR!
HOFMAN HAT GEANTWORTET!
MEIN KLAVIER INTERESSIERT SIE!
CLAC!
CLAC!
SIE WOLLEN ES SEHEN!
CLAC!

STELL DIR VOR!
CLI-CLAC!
ICH SOLL NACH WIEN KOMMEN!
NACH WIEN!
NACH WIEN!
SAG BLOSS!
LIES!
Lieber Herr Kamanja,
Ihr Schreiben vom 21. Juni hat uns alle in der Werkstatt in Begeisterung versetzt.
HUM!
GNM GNM GNM GNM GNMGNM GNMGNM GNM GNMGNM GNM
IHR AUSSER-GEWÖHNLICHES KLAVIER!
GNMGNM GNM GNMG GNM GNM GNM GNM GNM GNMGNM GNM GNM GNM GNM GNM GNMGNM GNMGNM GNM GNMGNM GNM
HA!
HO HO!
EINZIGARTIGE ERFINDUNG!
GNMGNM GNM GNMG GNM GNM GNM GNM

tschi
tschi
tschi
tschi
tschi
tschi
tschi
tschi
tschi
tschi
tschi
tschi
tschi
tschi
tschi
tschi
tschi
tschi
tschi

HOSSA!
GUT GEMACHT!
EINFACH FANTASTISCH!
STELL DIR VOR ... MEIN KLAVIER ...
POF
tschi
tschi
tschi
ICH FREU MICH SO!
tschi
tschi
hi
hi
hi
hi
hi
TAM
KOMM, WIR TANZEN!
TAM
TAM

HOP!
HOP!
SCROUÏTCH
HOP!
SCROUÏTCHI
SCROUÏTCHA
HOP!
clac!
HOP!
HOP!
SCROUÏTCH
AAAAAAAAA
WAS IST DENN LOS?

AUAU!
MEINE ARMEN FÜSSE!
ICH LEIDE!
PAH!
DAS WIRD SCHON, DU MUSST DIE SCHUHE EINLAUFEN!
FRT FRT
hm
MEINST DU?
NA KLAR!
SCROUITCH
HA HA!
BIS WIEN SITZEN SIE WIE ANGEGOSSEN!
HA HA!
DEIN KLAVIER FÄHRT NACH WIEN!
HA HA!
DU FÄHRST NACH WIEN!
HA HA!
WAS RED ICH!

WIR FAHREN NACH WIEN!
JUUHUU!
Rivoli
ريڤولي
F. FARES
لحن الخلود
PIIIP
PIIIP
PIIIP
PIIIP
PIIIP
TUUT
TUUT
clac
clac

ICH HABE BEIRUT 2004 VERLASSEN.

ICH HABE MICH AUF ZEHENSPITZEN FORTGESCHLICHEN UND DIE STADT OHNE MICH AUFWACHEN LASSEN.

IM AUTO WAREN MEINE MUTTER, MEIN VATER UND MEIN KOFFER.

HAST DU NICHTS VER-GESSEN?

HAST DU DEINEN AUSWEIS?

schnief

BRAUCHST DU EIN TASCHENTUCH?

pfuit

SO.

WIR SIND DA.

ICH DURFTE EIN GEPÄCKSTÜCK À 23 KILO MITNEHMEN.

ICH WAR 23 JAHRE ALT, EINE EINFACHE RECHNUNG ALSO.

FÜR JEDES JAHR MEINES LEBENS KONNTE ICH 1 KILO VON MEINEN SACHEN IN DEN KOFFER PACKEN.

„WAS WÜRDEST DU MITNEHMEN, WENN DU EIN JAHR AUF EINER EINSAMEN INSEL VERBRINGEN MÜSSTEST?"

ICH HATTE EIN PAAR FAMILIENFOTOS EINGEPACKT, DARUNTER EIN PORTRÄT MEINES GROSSVATERS VÄTERLICHERSEITS, DER WÄHREND DES FRANZÖSISCHEN MANDATS IM LIBANON ALS DRAGOMAN GEARBEITET HAT.

… DAS WORT HAT MICH LANGE FASZINIERT.

ES VERLIEH DEM GROSSVATER, DEN ICH NIE GEKANNT HATTE, ETWAS GEHEIMNISVOLLES.

ICH WUSSTE NICHT VIEL ÜBER IHN, ABER MIR WAR WAS KOMISCHES AUFGEFALLEN: ER BLICKTE AUF KEINEM FOTO IN DIE KAMERA.

DAS WORT „DRAGOMAN“ LEITET SICH AUS DEM ARABISCHEN „TOURJOUMAN“ AB, AUF FRANZÖSISCH „TRUCHEMENT“, „MITTELS EINER PERSON ODER SACHE“. EIN „ÜBERSETZER“ ALSO.

WEIL DER DRAGOMAN BILINGUAL WAR, BILDETE ER EIN WICHTIGES BINDEGLIED ZWISCHEN DEM FRANZÖSISCHEN HOCHKOMMISSAR UND DEN ARABISCHSPRACHIGEN ÖRTLICHEN BEHÖRDEN.

ALS KIND MACHTE ICH MEINE HAUSAUFGABEN IMMER AN DEM SCHREIBTISCH,
AN DEM ER AN SEINEN ÜBERSETZUNGEN GEARBEITET HATTE.

ICH VERSUCHTE, KEINE RECHTSCHREIBFEHLER AUF FRANZÖSISCH ZU MACHEN,

… DENN DIE SPRACHE HATTE ER GENAUSO GELIEBT WIE ARABISCH,

OH!

WIE GEHT'S MIT DEM AUFSATZ?

DARF ICH MAL?

SEINE MUTTERSPRACHE.

MEIN GROSSVATER VÄTERLICHERSEITS, DER SEIN GANZES LEBEN LANG

MIT ZWEI SPRACHEN JONGLIERTE,

UND SEINE KINDER ZWEISPRACHIG ERZOG.

ER KONNTE SEHR STRENG SEIN ...

WÄHREND DES MANDATS ERHIELT ER DIE FRANZÖSISCHE STAATSBÜRGERSCHAFT UND ARBEITETE BIS ZUM ENDE SEINES LEBENS ALS FRANZÖSISCHER BEAMTER,

OHNE JEMALS IN FRANKREICH GELEBT ZU HABEN.

ICH WEISS NOCH, DASS ICH BEIM ANBLICK DER BILDER AUS DEM DRUSENSTAAT, WO ER ARBEITETE, IMMER DACHTE, VIELLEICHT SIEHT ER WEG,

WEIL ER DAVON TRÄUMT WEGZUGEHEN.

15 JAHRE SPÄTER WAR ICH DIEJENIGE, DIE WEGGING.

MEIN 23 KILO SCHWERER KOFFER WAR ZUM BERSTEN VOLL, ...

DENN ICH HATTE NICHT EINEN MOMENT DARAN GEZWEIFELT, DASS PARIS NUR EINE EINSAME INSEL WAR ...

… EIN PAAR TAGE SPÄTER TRATEN ABDALLAH UND VICTOR IHRE REISE NACH WIEN AN.
DIE „PIERRE DE ROSETTE“
LÄNGE 156,70 METER
BREITE 19,13 METER
BRUTTOREGISTERTONNEN 12239
GESAMTLADEFÄHIGKEIT 12339 TONNEN
WASSERVERDRÄNGUNG 15039 TONNEN
PASSAGIERE 188 ERSTE KLASSE
135 ZWEITE KLASSE
128 DRITTE KLASSE
ANTRIEB 2 DAMPFMASCHINEN
ALTERNATIV DREIFACH-EXPANSIONSDAMPFMASCHINE
BEHEIZT MIT 7 HEIZÖLKESSELN
LEISTUNG 10 000 PS
GESCHWINDIGKEIT 16 KNOTEN
2 SCHIFFSSCHRAUBEN UND 3 SCHORNSTEINE

PIERRE DE ROSETTE

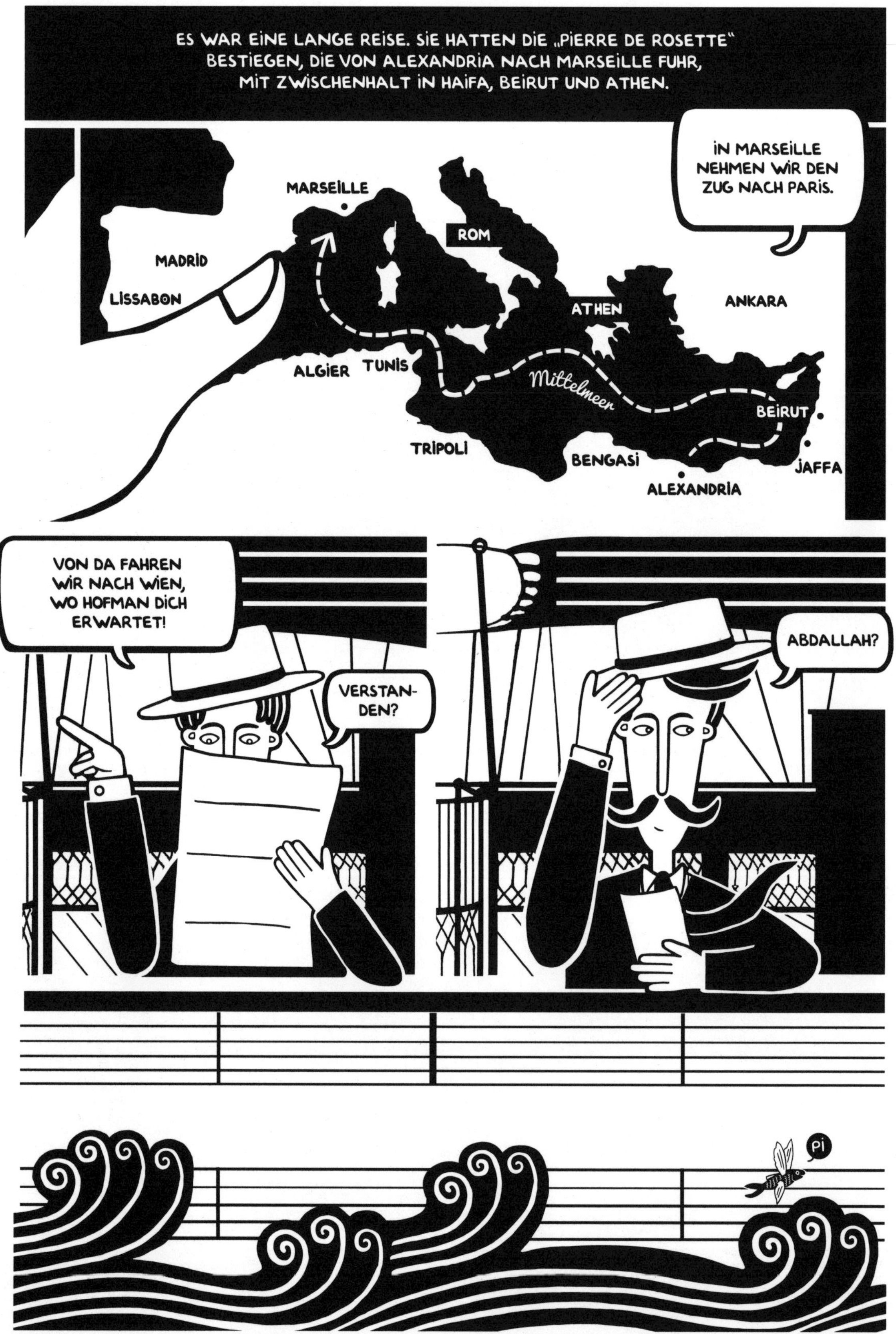
ES WAR EINE LANGE REISE. SIE HATTEN DIE „PIERRE DE ROSETTE“ BESTIEGEN, DIE VON ALEXANDRIA NACH MARSEILLE FUHR, MIT ZWISCHENHALT IN HAIFA, BEIRUT UND ATHEN.
IN MARSEILLE NEHMEN WIR DEN ZUG NACH PARIS.
MARSEILLE
ROM
MADRID
LISSABON
ATHEN
ANKARA
ALGIER
TUNIS
Mittelmeer
BEIRUT
TRIPOLI
BENGASI
JAFFA
ALEXANDRIA
VON DA FAHREN WIR NACH WIEN, WO HOFMAN DICH ERWARTET!
VERSTANDEN?
ABDALLAH?
PI

HÄTTE ES EIN METRONOM FÜR DIE HERZSCHLÄGE DER MÄNNER GEGEBEN, HÄTTE ES ABDALLAH GANZ KLAR ALLEGRO VORGEGEBEN, MIT PLÖTZLICHEN AKZENTEN IN PRESTO ...

DA HATTE ES VICTOR NICHT LEICHT MIT DEM UNERSCHÜTTERLICHEN ADAGIO EINES MENSCHEN,

DER DAS REISEN GEWÖHNT WAR.

VICTOR CHALLITA WAR ABDALLAHS ÄLTESTER ENGER FREUND.
SIE HATTEN SICH LÄNGST AUFEINANDER EINGESTIMMT.

NACH SEINER ANKUNFT IN BEIRUT HATTE SICH ABDALLAH, UM SEIN ERSTES GEHALT ZU FEIERN, IN ALBERTS SCHNEIDEREI EINEN PERLGRAUEN ANZUG ANFERTIGEN LASSEN.
seufz
AH!
KAU KAU
DRING DRING
ALBERTS SÖHNE, DIE ZWILLINGE ERNEST UND VICTOR, WAREN IHM SOFORT SYMPATHISCH. BIS AUF DAS AUSSEHEN HATTEN SIE NICHTS GEMEINSAM.
WENN EIN KUNDE DAS GESCHÄFT BETRAT, HOB SICH ALBERTS HAARSTRÄHNE
DURCH DEN LUFTZUG.
MEINE PRACHTEXEMPLARE!
HÖR AUF, PAPA!
ZITTER ZATTER
PAPA, HÖR AUF!
GRAOUUUUW

UND ALS ABDALLAH BEKANNTSCHAFT MIT CLAUDE MACHTE, DIE ALSO NICHT ALBERTS FRAU WAR, ... SONDERN SEINE KATZE, DIE VICTOR AUS DEM HINTERZIMMER ENTWISCHEN LIESS, SCHLOSSEN ABDALLAH KAMANJA UND VICTOR CHALLITA FREUNDSCHAFT UND WAREN FORTAN UNZERTRENNLICH.

SEIT EIN PAAR JAHREN BETRIEB VICTOR ZU SEINEM GROSSEN LEIDWESEN DAS FAMILIENGESCHÄFT AM EINGANG ZUM SOUK EL TAWILEH, GLEICH NEBEN DER SCHNEIDEREI SEINES VATERS.

VOR DER FIRMA CHALLITA HATTE VICTOR NÄMLICH SCHON EIN LEBEN GEHABT, UND ZWAR EIN VERDAMMT SPANNENDES!

BEVOR SEIN VATER IHN ZUM KOPF DES FAMILIENGESCHÄFTS MACHTE, OBLAG ES VICTOR, DIE BESTELLUNGEN FÜR DIE NÄCHSTE SAISON ZU MACHEN.

EINE GROSSE VERANTWORTUNG ...

JEDES JAHR FUHR VICTOR NACH PARIS, UNTER DEM VORWAND, EIN WENIG ZEITGEIST EINATMEN ZU MÜSSEN. MIT DEM SCHLÜSSEL IM ZÜNDSCHLOSS DES BELEDERTEN COUPÉ-CABRIOLETS UND DER NASE IM WIND, SOG ER DIE WONNIGE PARISER LUFT EIN UND HIELT NACH SELTENEN SCHÖNHEITEN AUSSCHAU ...

ABER DAS WAR VORHER.

RFFFZZ

ZZZZ

RFFFZZ

ZZZZ

VOR DIESER ENDLOSEN ABFOLGE IMMERGLEICHER SCHUBLADEN

VOR DIESER LANGEN HOLZTHEKE.

CLIC

CLICA

CLICA

KRRRR

CLICA

KRRRR

CLICA

VOR DIESER SCHWEREN REGISTRIERKASSE.

VOR DIESER STAUBIGEN ATMOSPHÄRE, VOR DIESEN GANZEN

BEVOR SEIN VATER DIESES HINZUFÜGTE,
Fa. CHALLITA und Sohn
Damenwäsche
Seit 1930
WIE BITTE?
AH, JA ...
bla
bla
HU
ER IST EIN BISSCHEN TEUER, DAS STIMMT.
bli
bla
HU
HU
bla
bla
HU
ABER DAS IST SPITZE AUS CALAIS!
bla
HU
bla
bli
SIE HABEN EBEN EINEN EXQUISITEN GESCHMACK, MADAME KHAYATA.
bla
bla
bla
ÜBERRASCHT MICH NICHT!
blo
bla
bla
bla
SEUFZ
TAP
TAP
TAP
DAS IHN GEFANGENHIELT IN DEM KLEINEN, DUMPFEN LADEN, IN DEN KEIN EINZIGES GERÄUSCH VON DER PULSIERENDEN EINKAUFSSTRASSE DRANG.

ERNEST, DER FÜR DAS AUSWAHLVERFAHREN DES ÖFFENTLICHEN DIENSTES BÜFFELTE, UM LEHRER FÜR FRANZÖSISCHE LITERATUR ZU WERDEN, FÜHRTE DIE KASSE UND STAND VICTOR BEI, DER VÖLLIG ÜBERFORDERT WAR.

نوّرت!

MADAME KÉBBÉ! BONJOURÉYN!!

BONJOURÉYN BEDEUTET „ZWEIMAL BONJOUR“.

ياهلا!

WILL-KOMMEN!

ياهلا!

OH! BONJOUR, MADEMOISELLE

DER ARME.

ER IST SCHON WIE PAPA ...

SEUFZ

WELCH GRAZIE!

DAS FRÄULEIN IST IHRE TOCHTER?

NEIIN!

IHRE SCHWESTER, DACHTE ICH!

DENN DIE FIRMA CHALLITA UND SOHN WAR DAS MEKKA DER DAMENWÄSCHE, AUS GANZ BEIRUT PILGERTEN DIE FRAUEN DORTHIN ... UND DEREN TÖCHTER.

VICTOR WOLLTE DIE SCHÖNSTEN EXEMPLARE UNTER DENEN HERAUSFISCHEN, DIE SICH ZWISCHEN DIESEN BEIDEN STADIEN BEFANDEN.

UND WÄHREND VICTOR AUGEN UND HERZ ÜBERGINGEN,
MARKIERTE ERNEST, DER VIEL ZU SCHÜCHTERN WAR, UM EINE KUNDIN ÜBERHAUPT ANZUSEHEN,
SKROTSCH
SKROTSCH
EIFRIG PASSAGEN IN SEINEM TEXT ... SEIN PERFEKT GESPITZTER BLEISTIFT RIEB SICH AM RAUEN PAPIER DER FRANZÖSISCHEN BÜCHER, DEREN SEITEN ER EINZELN MIT DEM BRIEFÖFFNER AUFTRENNTE, DEN VICTOR IHM ZUM LETZTEN GEBURTSTAG GESCHENKT HATTE.
SKROTSCH
SKROTSCH
ER WÄRE AM LIEBSTEN IN SEINE BÜCHER EINGETAUCHT,
HÄTTE SICH VON DEN BUCHSTABEN WEGSPÜLEN LASSEN
UND IN EINEM OZEAN OHNE PUNKT UND KOMMA SCHWIMMEN WOLLEN.

VICTOR MUSSTE MIT TURBULENTEREN GEWÄSSERN FERTIGWERDEN …
PLATSCH
PLATSCH
PLATSCH
PLATSCH
PLATSCH
PLATSCH
PLATSCH

UND ALS ABDALLAH, SEIN GUTER FREUND ABDALLAH, IHM VON WIEN ERZÄHLTE, MACHTE SEIN HERZ FREUDENSPRÜNGE UND WIEDER MAL PACKTE IHN DAS FERNWEH ... GANZ KLAR! ER WÜRDE IHN BEGLEITEN!

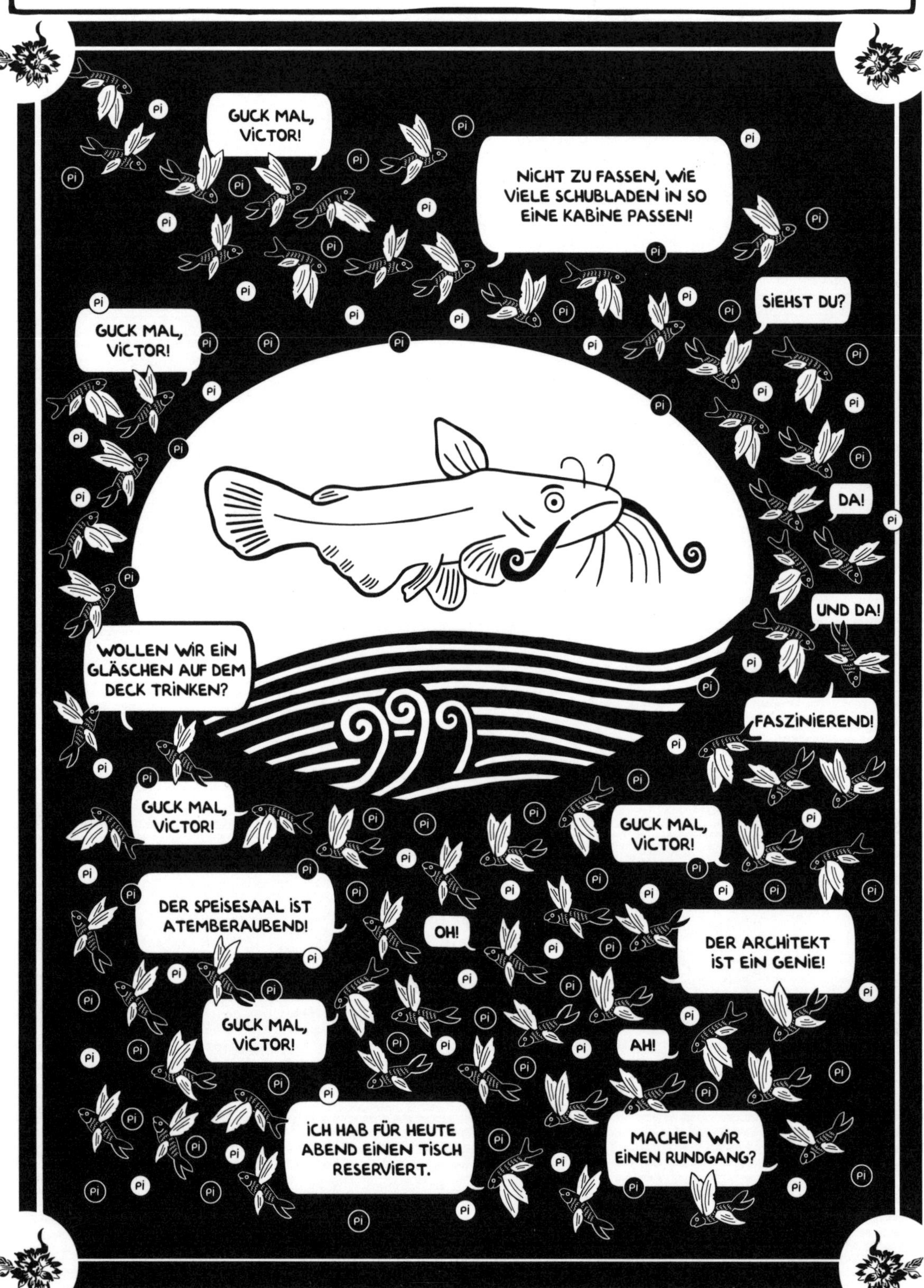

GUCK MAL, VICTOR!
MEINE HEMDEN SIND MAKELLOS!
GUCK MAL, VICTOR!
NICHT DIE KLEINSTE FALTE ZU SEHEN!
... TOLL! ODETTE HATTE RECHT!
ODETTE ...
UND DEN FLIEGENDEN FISCH, VON SO VIEL GEFÜHL VÖLLIG ERSCHÖPFT, BESCHLICH AUF EINMAL EINE WEICHE, ZÄRTLICHE NOSTALGIE ... ODETTE, ODETTE!
NA, NA, DU SIEHST DEINE ODETTE JA BALD WIEDER!
DU SIEHST GANZ MÜDE AUS!
HUM
ICH GLAUB, DA WIRD JEMAND HEUT NACHT GUT SCHLAFEN ...
FRRR
SAGTE DER MOND.
SAGTE VICTOR-WIE-EIN-FISCH-IM-WASSER.

MEINE MUTTER LAS UNS JEDEN ABEND EINE GESCHICHTE VOR.

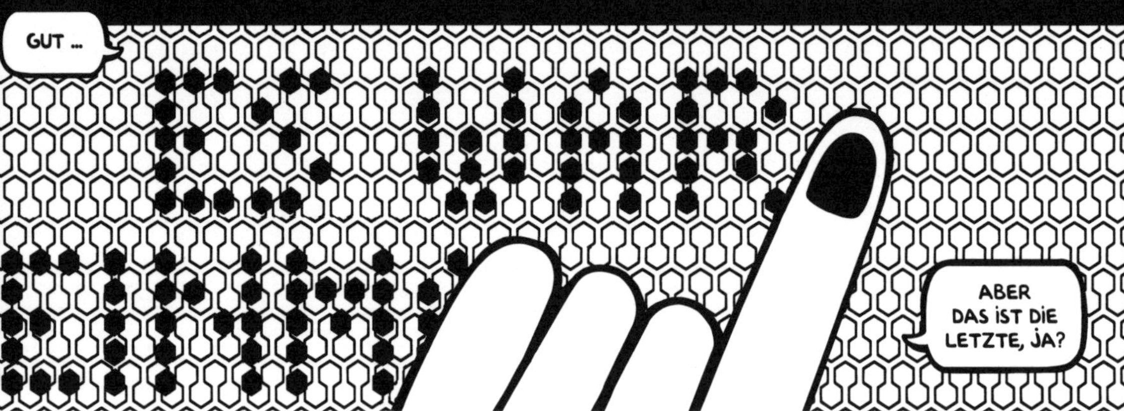

ICH ERINNERE MICH, DASS ICH IMMER WIE GEBANNT DEN BEWEGUNGEN IHRES FINGERS FOLGTE,

DIE DEN WÖRTERN AUF DEN SEITEN LEBEN EINFLÖSSTEN.

SPÄTER LERNTE ICH LESEN. ICH ERINNERE MICH, DASS ICH AUF DEM SCHULWEG VERSUCHTE, DIE LADENSCHILDER ZU ENTZIFFERN,

NACH EINER WEILE ZÜNDETE DAS WORT

WIE

EIN KLEINES

FEUERWERK.

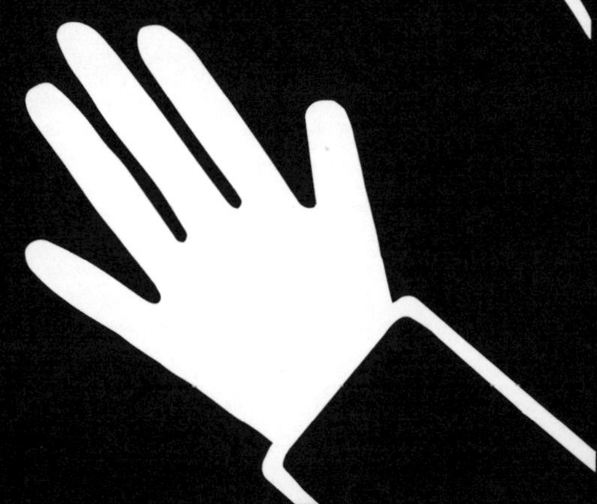

ICH KONNTE LESEN! WAS FÜR EIN SEGEN ...

KRRRRRRRR

KRRRRRRRR
KRRR
KRRR
KRRR
KRRR
KRRR
WAS? NOCH MAL?!
DiE GAB'S GESTERN SCHON!
KRRR
UND VORGESTERN!
BiiiTTEE!
GUT ...
GUT ...
KRRR

IN DER KABINE DER „PIERRE DE ROSETTE“ WAR ABDALLAH MIT GEDANKEN BEI ODETTE UND JOSEPH. AM VORTAG HATTEN IHN DIE REISEVORBEREITUNGEN FIX UND FERTIG GEMACHT.
DAS?
HMMM.
ACH.
UND DAS?
NEIN.
und
NEIN, NEIN.
und
DAS HIER VIELLEICHT?
NICHT SCHLECHT ...
UND DAS?
WOOOOOO
ABER ...
UND ...
AH, JA.
UND DAS?
ÄH.
JA.
ALLES GUT, DARLING?
...
HM?

DIESE ANSPANNUNG, DIE IHN VÖLLIG ABSORBIERTE, ERINNERTE IHN AN SEINE ERSTE UND BISHER EINZIGE REISE,
ZU SCHWARZ.
ZU WEISS.
NICHT SCHICK GENUG.
NICHT WARM GENUG.
DIE ER ANGETRETEN HATTE, UM SEINE HEIMAT ZU VERLASSEN UND NACH BEIRUT ZU GEHEN.
DAS, JA!
JA.
JA.
DU, SAG MAL ...
DIE HIER?
ODER
DIE DA?

DIESE!
NEIN, DIE!
GUT.
MANCHE SAGEN, ER WÄRE IN EINER MONDLOSEN NACHT AUF DEM RÜCKEN EINES ESELS UND OHNE GEPÄCK AUFGEBROCHEN UND HÄTTE DIE EINZIGE, NICHT UMSONST »TODESSTRASSE« GENANNTE, ROUTE DURCH DIE BERGE GENOMMEN.
ICH NEHM BEIDE MIT.
ICH HAB SEIDENPAPIER BEI MADAME CHACAR GEKAUFT.
SEIDENPAPIER?
JA, FÜR DEINE HEMDEN.
WOOOO
JOSEPH, KOMM AUS DEM KOFFER RAUS!
FÜR MEINE HEMDEN?
WIESO DAS?
ANDERE BEHAUPTEN, ER HÄTTE DEN BUS GENOMMEN, DER SICH EINMAL ÜBER DIESELBE ROUTE NACH BEIRUT QUÄLTE ...

WIEDER ANDERE SIND SICH ZIEMLICH SICHER, ER HÄTTE SICH BEIM DORFPFARRER VERSTECKT, DER SEIN TALENT ERKANNTE …
ABER JA!
SIEH MAL.
MAN MUSS DAS HEMD
IN DAS SEIDENPAPIER FALTEN,
1
2
3
UND WENN DU DEINEN KOFFER AUSPACKST,
4
5
TADAAAAAAA!
UND HOP!
6
FERTIG ZUM ANZIEHEN
NICHT ZERKNITTERT
KEINE FALTEN
TADELLOS
WOAAH!
MAMA KANN ZAUBERN!
… UND IHM DIE REISE IN DIE HAUPTSTADT ERMÖGLICHTE (HIER GEHEN DIE MEINUNGEN AUSEINANDER).

UND MANCH EINER BEHAUPTETE STEIF UND FEST, DASS ABDALLAH MEHRERE TAGE BIS ZUM NÄCHSTEN BAHNHOF GELAUFEN, ...
PAPA ...
BLEIBST DU LANGE WEG?
EINEN MONAT.
WIE VIELE „GUTE NACHTS" SIND DAS?
30 „GUTE NACHTS", MEIN SCHATZ.
NA LOS, RUNTER MIT DIR!
JOSEPH?
SOLL ICH WEITERLESEN?
WO WAREN WIR?
JA!
WIR WAREN BEI
WOOOO
ACH JA!
GENAU.
... AUF EINEN FAHRENDEN ZUG AUFGESPRUNGEN,
LOS!
ICH BEGLEITE EUCH AUF DEM KLAVIER!
tschi
tschi
tschi
UND EIN PAAR STUNDEN SPÄTER LEICHT VERBLÜFFT IN BEIRUT EINGETROFFEN SEI.

WOOOO
WOOOOO
WOOOOO
UND DIESE VIERTE VERSION IST GENAUSO PLAUSIBEL WIE DIE ERSTEN DREI, WEIL NÄMLICH ZU JENER ZEIT EINE ZUGSTRECKE DURCH DEN LIBANON FÜHRTE (UND - HEUTE UNVORSTELLBAR - BEIRUT, DAMASKUS, ALEPPO UND JERUSALEM VERBAND).

FAKT IST: ABDALLAH BRACH AUF, NAHM SEIN FERSENGELD, SEINE KLICKS UND SEINE KLACKS, UND SCHLIESSLICH DIE STRASSE, DIE SEIN DORF MIT DER STADT VERBAND. ER HATTE NICHTS MITGENOMMEN AUSSER DEN TARBUSCH SEINES GELIEBTEN ONKELS KHALIL, VON DEM ER DIE LIEBE ZUR MUSIK GEERBT HATTE.

ER WETTERTE, FLEHTE UND DROHTE. UND LIESS SEINER WUT SCHLIESSLICH FREIEN LAUF.

ER BEKOMMT **KEINEN** SOU.

KEINEN SOU, VERSTANDEN?

ICH ENTERBE IHN!

GUT ...

WEGEN DES GANZEN AUFRUHRS KOMM ICH NOCH ZU SPÄT!
HM, LUDWIG?
tschi
CLAC!

ZENZEN, DU KOMMST ZU SPÄT!
LOS, DER BUS IST DA!
SCHATZ! DU KANNST DAS BUCH DOCH HEUTE ABEND WEITERLESEN!
ICH HASSTE DIE SCHULE VOM ERSTEN TAG AN.
IM FLUR DER ERSTEN GRUNDSCHULKLASSE GAB ES EIN WANDBILD MIT DEN FIGUREN AUS WALT DISNEYS „DAS DSCHUNGELBUCH“. ICH WAR ÜBERZEUGT, ICH SEI DORT, UM AUCH SO GUT ZEICHNEN ZU LERNEN …

STATTDESSEN MUSSTEN WIR PAUKEN. WIE HATTEN UNTERRICHT IN ARABISCH

…
UND IN FRANZÖSISCH. MAN HATTE MICH REINGELEGT.

ICH KANN MICH NOCH GENAU AN MEIN FRANZÖSISCHLEHRBUCH DER ZWEITEN GRUNDSCHULKLASSE (CE1) ERINNERN.

P. VERRET
P. FURCY
ECRIRE ET PARLER
LE VOCABULAIRE ET L'EXPRESSION ECRITE
CE1
FERNAND NATHAN

WIE ALLE UNSERE FRANZÖSISCHLEHRBÜCHER WAR AUCH DIESES IN FRANKREICH VERÖFFENTLICHT UND HIERHER EXPORTIERT WORDEN.

UM DIE KOSTEN ZU SENKEN, HATTE MAN DIE BÜCHER AUF SEHR DÜNNEM PAPIER MIT SCHWARZER TINTE GEDRUCKT.

DESHALB WAREN DIE ILLUSTRATIONEN ALLE IN SCHWARZ-WEISS.
NUR DIE UMSCHLÄGE WAREN FARBLICH GESTALTET. IN DIESEM FALL VIOLETT UND GRAU.

ANHAND DER SCHULBÜCHER MACHTE ICH MIR MEINE ERSTEN BILDER VON FRANKREICH.

FRANKREICH WAR EIN VERSCHNEITER SCHULHOF,

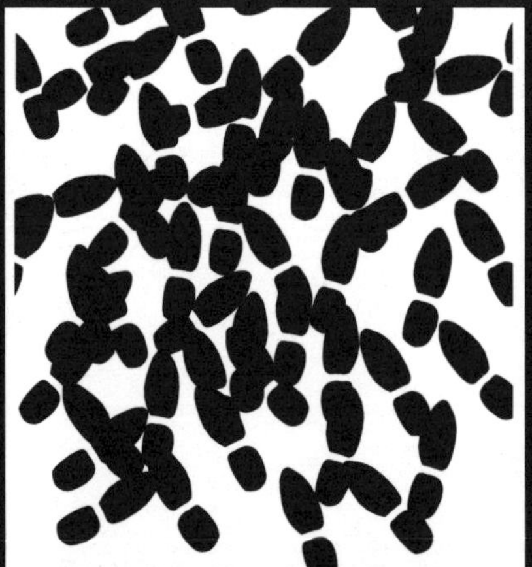

MIT SCHÜLERN, DIE SCHWARZE CAPES TRUGEN,

UND GROSSEN KASTANIENBÄUMEN,

DEREN ÄSTE DER LEHRER SCHÜTTELTE,

DAMIT DIE KASTANIEN ZUR GROSSEN FREUDE DER SCHÜLER IN DEN SCHNEE FIELEN.

FRANKREICH WAR EXOTISCH, FRIEDLICH ... UND BERUHIGEND.

SO KAM ES, DASS ICH DIE FRANZÖSISCHE SPRACHE LANGE ZEIT MIT SCHWARZ-WEISS ASSOZIIERTE.

MEINE ARABISCH-NOTEN WURDEN IMMER KATASTROPHALER.

IN DER WELT, IN DER WIR LEBTEN, WAR ARABISCH DIE SPRACHE DER GEWALT.

ES WAR DIE SPRACHE DER SOLDATEN,

DER MILITÄR-ABSPERRUNGEN,

DES RADIOS.

ARABISCH WAR DIE SPRACHE DER SCHLECHTEN NACHRICHTEN.

DESSEN, WAS MAN LIEBER VERGESSEN WOLLTE.

DIE FRANZÖSISCHEN WÖRTER GEWÄHRTEN ZUFLUCHT.

ICH WAR EINE NIETE IN ARABISCH UND OBENDREIN KONNTE ICH DAS „R“ NICHT ROLLEN.

ES KLANG KEHLIG.

ES WAR PEINLICH.

UND FRUSTRIEREND.

MIT 8 JAHREN WAR ICH EINE WASCHECHTE „FRANJI COUCOU“, WIE MAN DIE FRANKOPHONEN AUF ARABISCH SCHERZHAFT BEZEICHNET.

ICH BEKAM DEN SPOTT IN ALL SEINEN FACETTEN ZU SPÜREN …

UND IN ALL SEINER DEMÜTIGUNG …

UND MEIN ARABISCHLEHRER, HERR GHARZOUZI („GH“ STATT „R“), BEKAM WIND DAVON.

... ER TGHAF DEN NAGEL AUF DEN KOPF. ÄH ... TRRRAF.

NACH SEINER ANKUNFT IN BEIRUT BEZOG ABDALLAH EINE KLEINE WOHNUNG IN DER RUE GERGI ZEIDANE, KAUFTE EIN GEBRAUCHTES KLAVIER UND TRAF ZWEI ENTSCHEIDUNGEN:

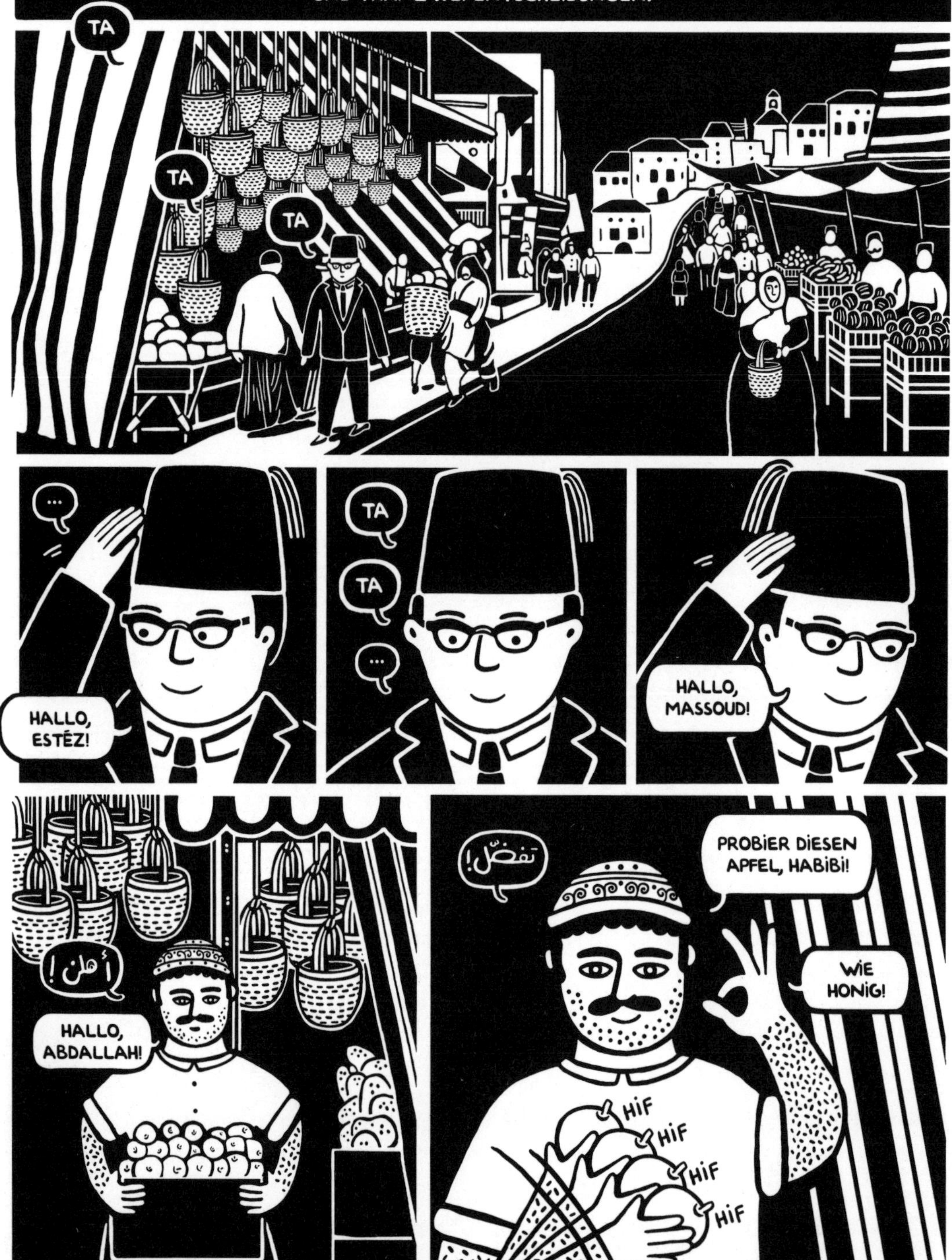

SEIN LEBEN DER MUSIK ZU WIDMEN UND NIEMALS OHNE DEN TARBUSCH SEINES ONKELS KHALIL AUS DEM HAUS ZU GEHEN, AUCH DANN NICHT, ALS LÄNGST NIEMAND MEHR TARBUSCHE TRUG.

SO GING ER JEDEN MORGEN MIT DEM HUT AUF DEM HAUPT DENSELBEN WEG ZUM BAHNHOF, WO ER EINE ANSTELLUNG ALS KOPIST GEFUNDEN HATTE.

hm
KRUMSCH!
HALLO!
أهلا!
HALLIHALLO!
MIT SEINEM ALTMODISCHEN TARBUSCH WAR ER ALSBALD BEKANNT WIE EIN BUNTER HUND UND KONNTE NICHT DURCH DIE STADT GEHEN, OHNE VON DEN BEWOHNERN SEINES VIERTELS UND DER UMGEBUNG GEGRÜSST ZU WERDEN.
HALLO, HABIB!
KRUMSCH!
KRAMSCH!
HALLO, JAWAD!
HALLO, ABDALLAH!
UPERMARKET FAYSAL
أهلا!
HAST DU LUST AUF EINE PARTIE TRIC TRAC?
DANKE, FAYSAL! EIN ANDERMAL!

BEI JEDEM „HALLO“

KLOPFTE ER MIT DEN FINGERSPITZEN GEGEN DEN DICKEN FILZ SEINER KOPFBEDECKUNG.

JEDER. TOK. SEINER GRÜSSE. TOK.

ERZEUGTE. TOK.

EINEN HOHLEN. TOK. UND SCHROFFEN. TOK. TON. TOK.

UND NACH EINIGEN GRÜSSEN IN MEHR ODER WENIGER REGELMÄSSIGEN ABSTÄNDEN

-O-
TOK
TOK
TOK
-O-
TOK
TO
TOK
TOK
TO
-O-
TO
-O-
TOK
TO
TOK
TO
-O-
TO
TOK
TO
TOK
TOK
TOK
TO
TOK
TOK
-O-
TOK
TOK
TOK
TOK
TO
TO
TO
TOK
TO
TOK
TOK
TOK
TOK
TO
-O-
TO
TO
-O-
TO
TOK
TOK
TOK
TOK
TO
TOK
TO
-O-
TOK
TO
TO
TO
TOK
TOK
TO
TO
-O-
TOK
ENTSTANDEN GANZ ÜBERRASCHENDE RHYTHMEN, ...

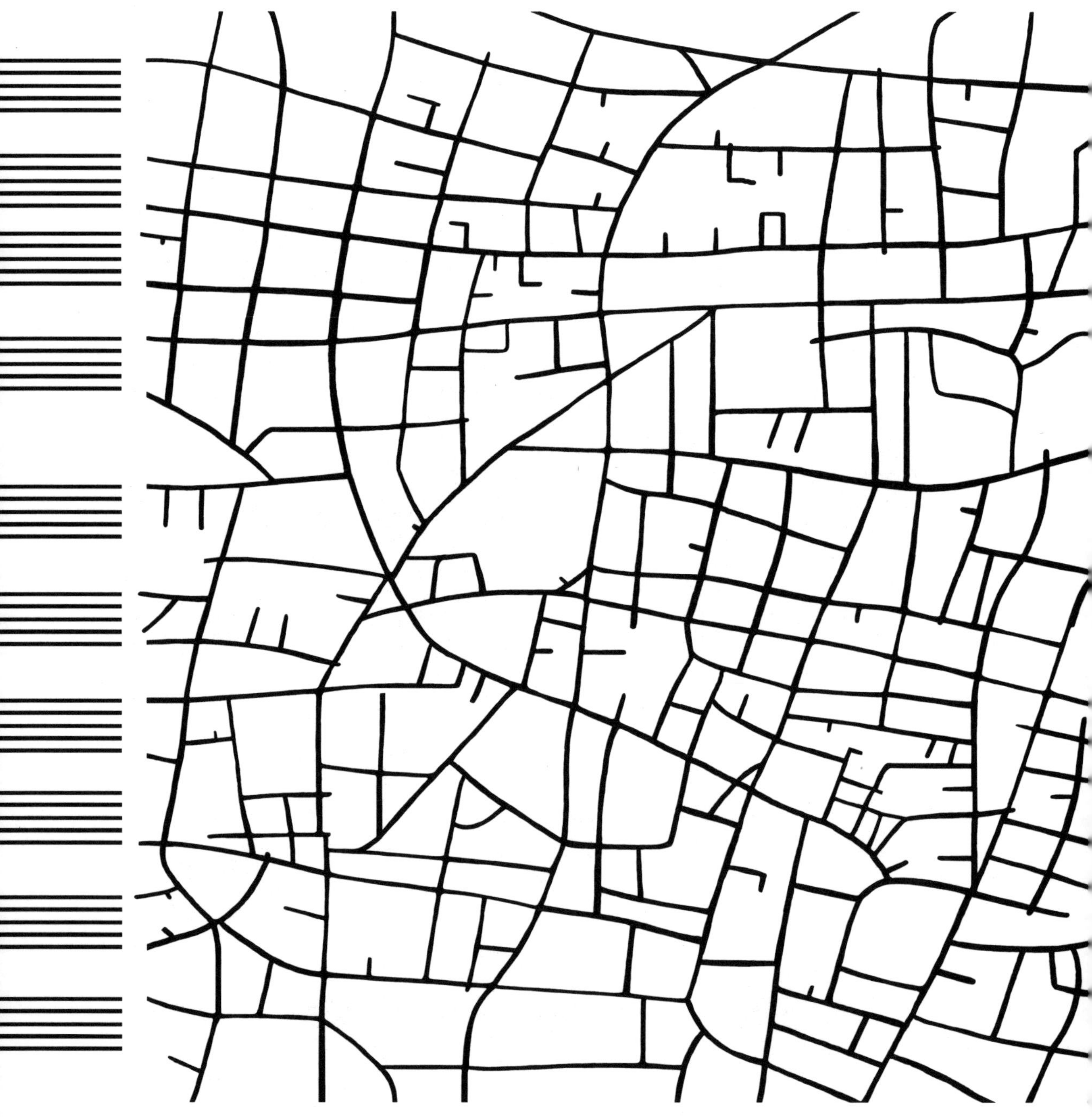

DIE ZWEIFELLOS
NIEMAND
AUSSER IHM
HÖRTE.

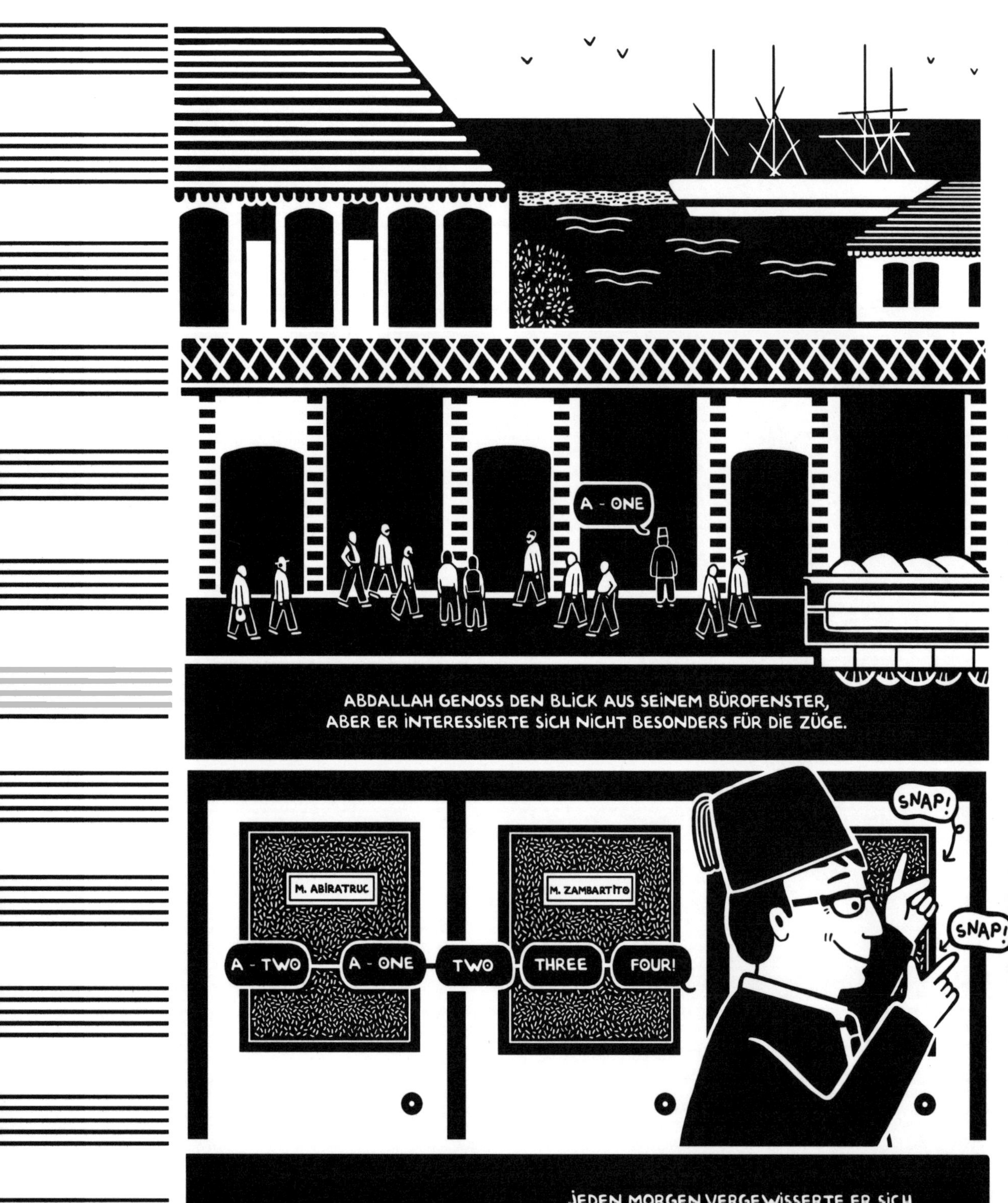
A - ONE
ABDALLAH GENOSS DEN BLICK AUS SEINEM BÜROFENSTER, ABER ER INTERESSIERTE SICH NICHT BESONDERS FÜR DIE ZÜGE.
SNAP!
SNAP!
M. ABIRATRUC
M. ZAMBARTITO
A - TWO
A - ONE
TWO
THREE
FOUR!
JEDEN MORGEN VERGEWISSERTE ER SICH,

MORGEN, ABDALLAH!
MORGEN, ABDALLAH!
MORGEN, ABDALLAH!
MORGEN, ABDALLAH!
MORGEN, RAWAD!
MORGEN, GERGES!
MORGEN, EPHREM!
POC
POC
DASS DIE KOLLEGEN IHN UND SEINEN TARBUSCH INS BÜRO KOMMEN SAHEN.
MORGEN, IBRAHIM!
MORGEN, SALAH!
MORGEN, BOULOS!
MORGEN, HALIM!
MORGEN, KARIM!
MORGEN, ABDALLAH!
MORGEN, ABDALLAH!
MORGEN, ABDALLAH!
MORGEN, ABDALLAH!

ANGEKOMMEN, LEGTE ER DEN TARBUSCH GUT SICHTBAR AB.

hm

SCRITCHI
SCRITCHI

SCRITCHI
SCRITCHI
SCRITCH
SCRITCHI
SCRITCH

DANN GING ER HINAUS, MIT NACKTEM KOPF

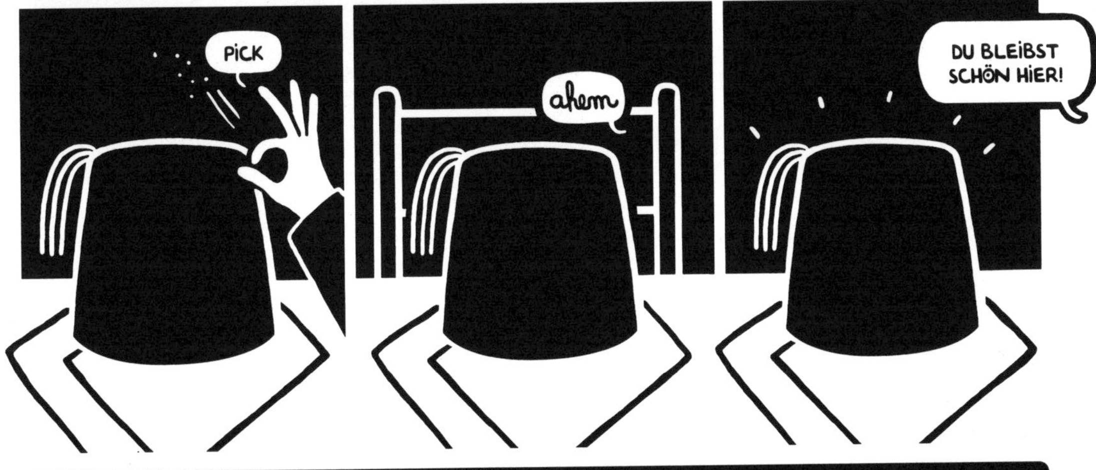

UND NACKTEN OHREN ...

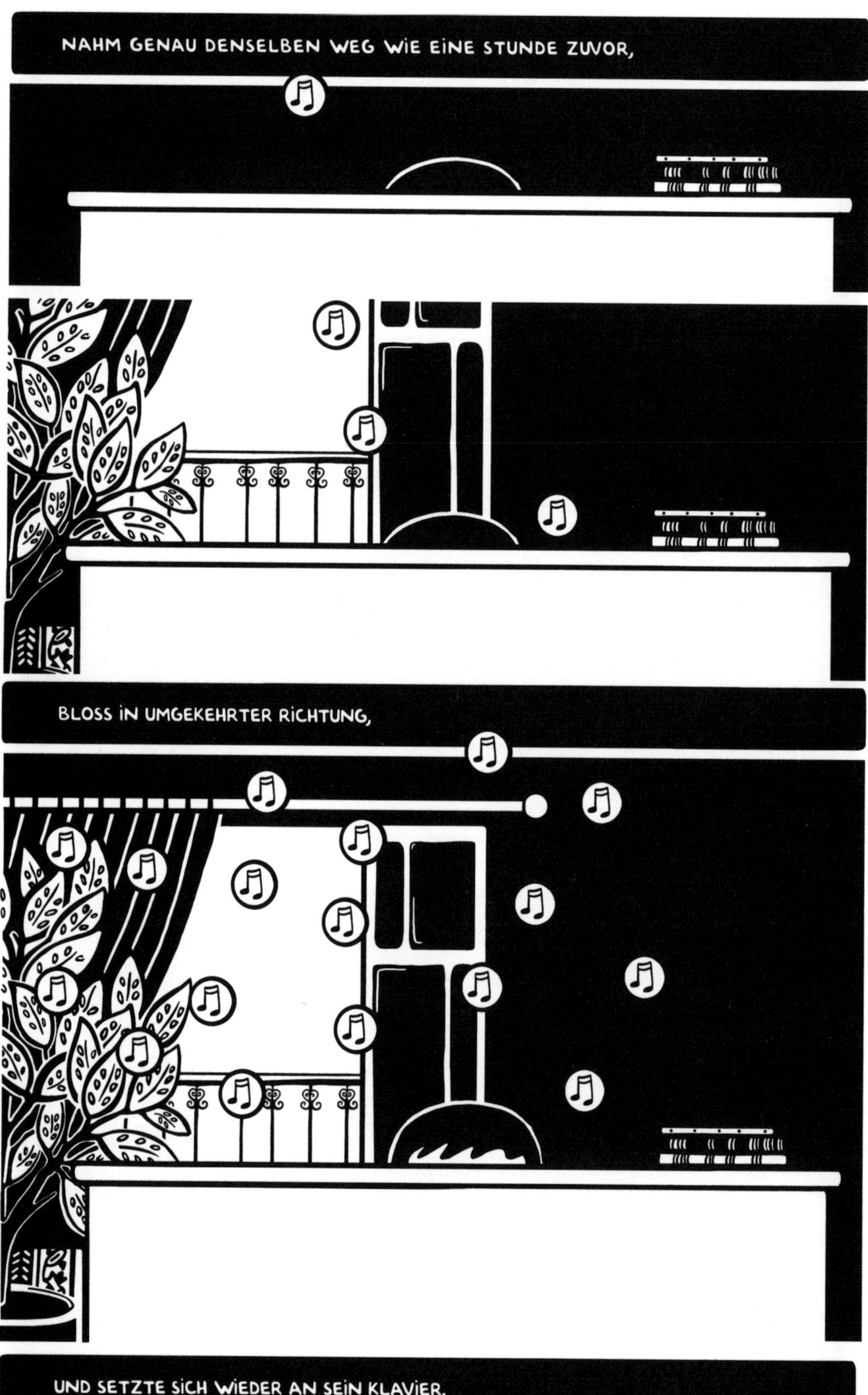
NAHM GENAU DENSELBEN WEG WIE EINE STUNDE ZUVOR,
BLOSS IN UMGEKEHRTER RICHTUNG,
UND SETZTE SICH WIEDER AN SEIN KLAVIER.

IN DER ZWISCHENZEIT AM BAHNHOF ...
ABDALLAH?
DOCH!
ICH HAB IHN HEUT MORGEN GESEHEN.
ER IST NICHT IN SEINEM BÜRO?
AH!
KOMISCH.
TIC
TIC
ACH, WAS!
GUCK MAL, SEIN TARBUSCH IST DOCH HIER ...
PAH!
ABDALLAH KANN NICHT WEIT SEIN!
ER GEHT NIE OHNE SEINEN TARBUSCH RAUS!
PFFF
TOK!

NACH DEM KRIEG SIND MEINE ELTERN DAS ERSTE MAL MIT UNS NACH WESTBEIRUT GEFAHREN.

DER STADTTEIL WAR FÜR MICH IMMER NUR „DIE ANDERE SEITE" DER DEMARKATIONSLINIE GEWESEN, WELCHE DIE STADT WÄHREND DES FÜNFZEHNJÄHRIGEN BÜRGERKRIEGS ZWEIGETEILT HATTE.

ICH WAR NOCH NIE DRÜBEN GEWESEN.

بيت

maison

ICH KANNTE MICH DORT NICHT AUS.

SO FREMD, DASS ICH PLÖTZLICH WEDER ARABISCH NOCH FRANZÖSISCH SPRECHEN KONNTE.

EINE FREMDE SPRACHE MUSSTE HER ...

UND DIE EINZIGE FREMDSPRACHE, DIE ICH KANNTE, WAR ENGLISCH,
ABER DIE FINGEN WIR IN DER SCHULE GERADE ERST AN ZU LERNEN.

ES WAR VÖLLIG ABSURD.

DOCH ALS ICH MIR

DAS NEUE TERRITORIUM

NACH UND NACH

ZU EIGEN MACHTE,

KEHRTE MEINE SPRACHE ZURÜCK.

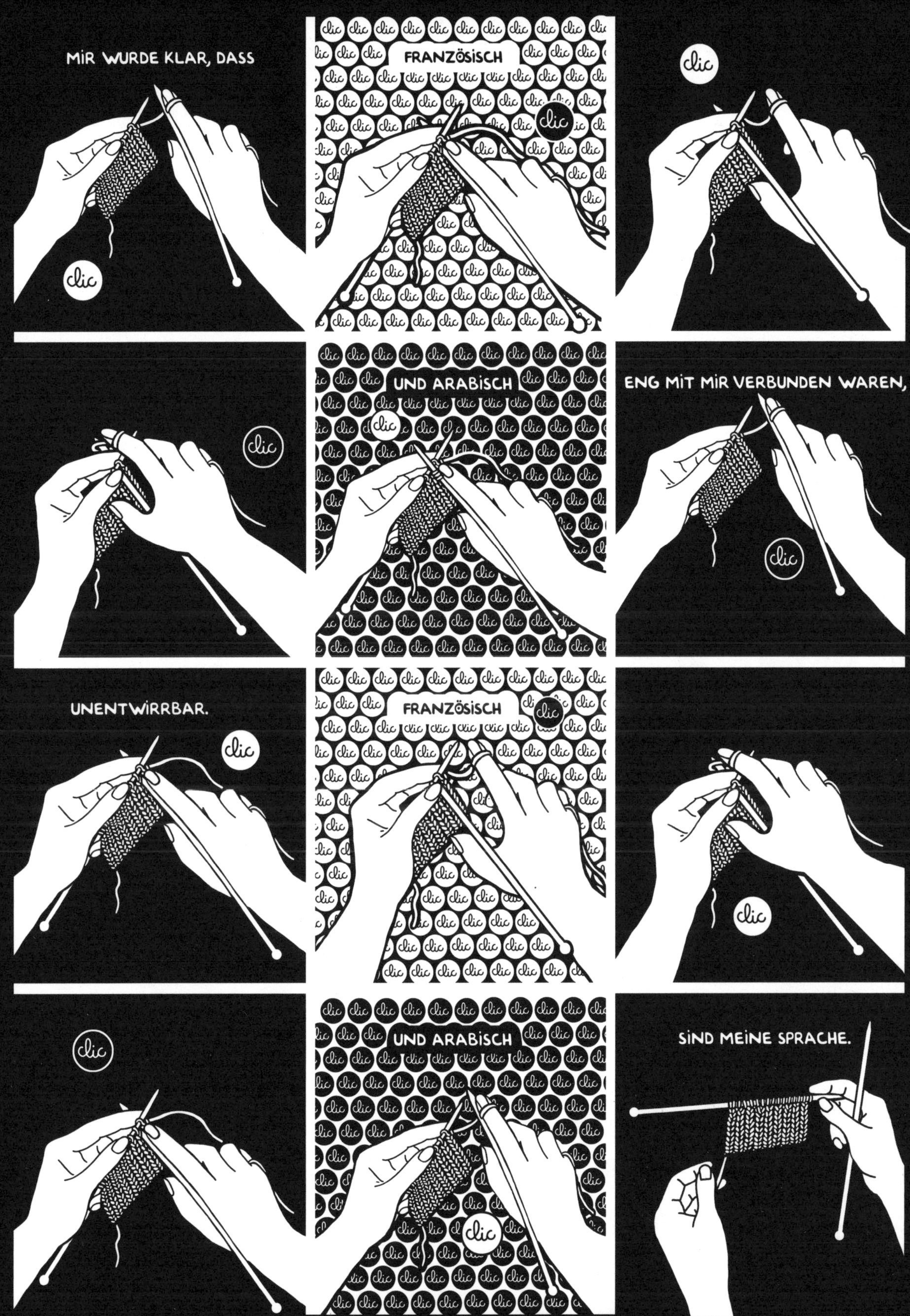
MIR WURDE KLAR, DASS
clic
FRANZÖSISCH
clic
UND ARABISCH
ENG MIT MIR VERBUNDEN WAREN,
UNENTWIRRBAR.
clic
FRANZÖSISCH
clic
UND ARABISCH
SIND MEINE SPRACHE.

SEIT MEINER KINDHEIT STRICKE ICH EINE SPRACHE AUS ZWEI HAUCHDÜNNEN, KOSTBAREN FÄDEN.

iN MEiNEM
KOPF
HAT
JEMAND
ZWEi
SORTEN

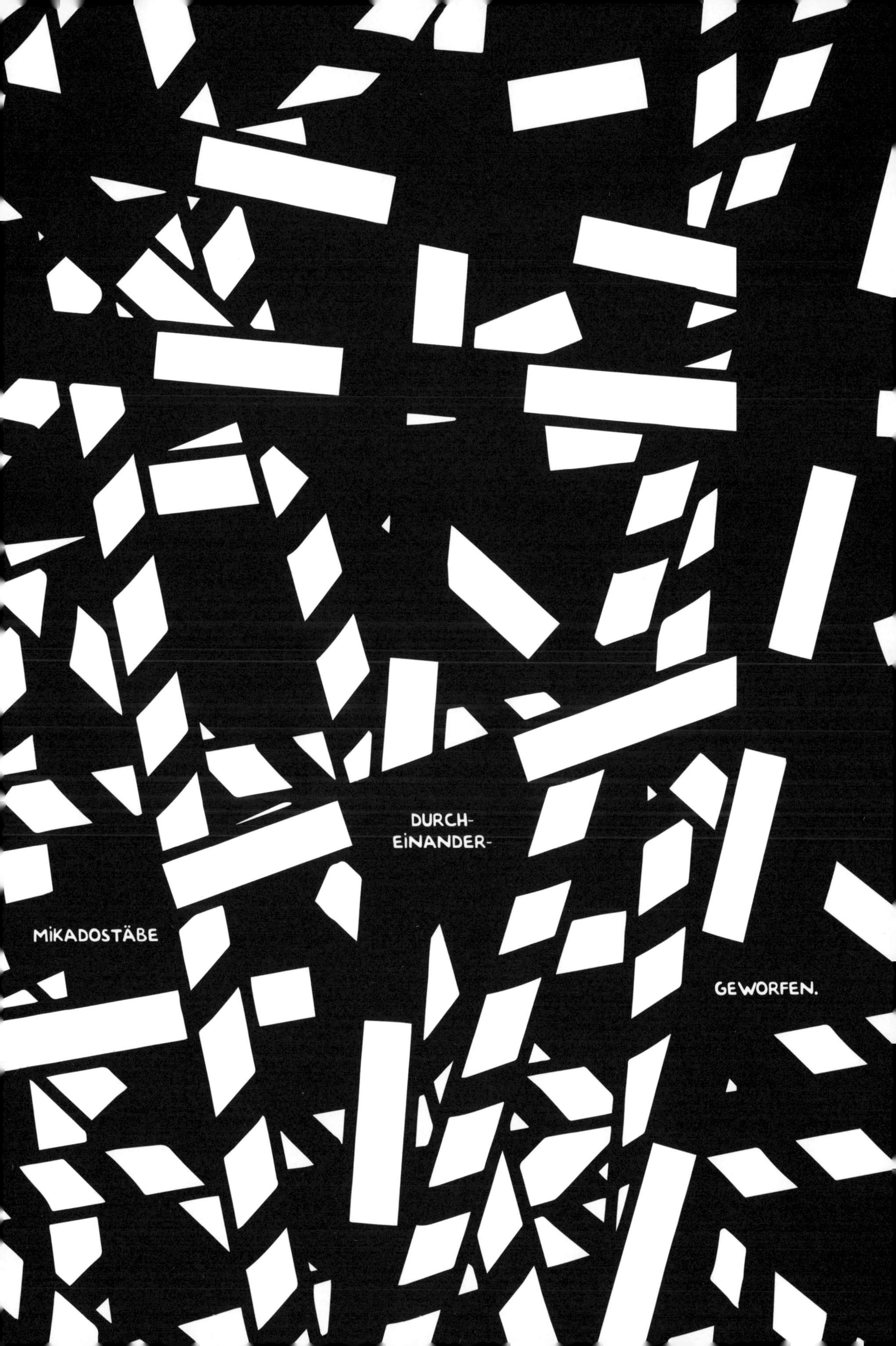
MiKADOSTÄBE
DURCH-
EiNANDER-
GEWORFEN.

clic
clic
clic
clic
clic
clic
clic
clic
clic
clic
clic
clic
clic
clic
clic
clic
clic
clic

DAS IST DIE DNA MEINER MUTTERSPRACHE.

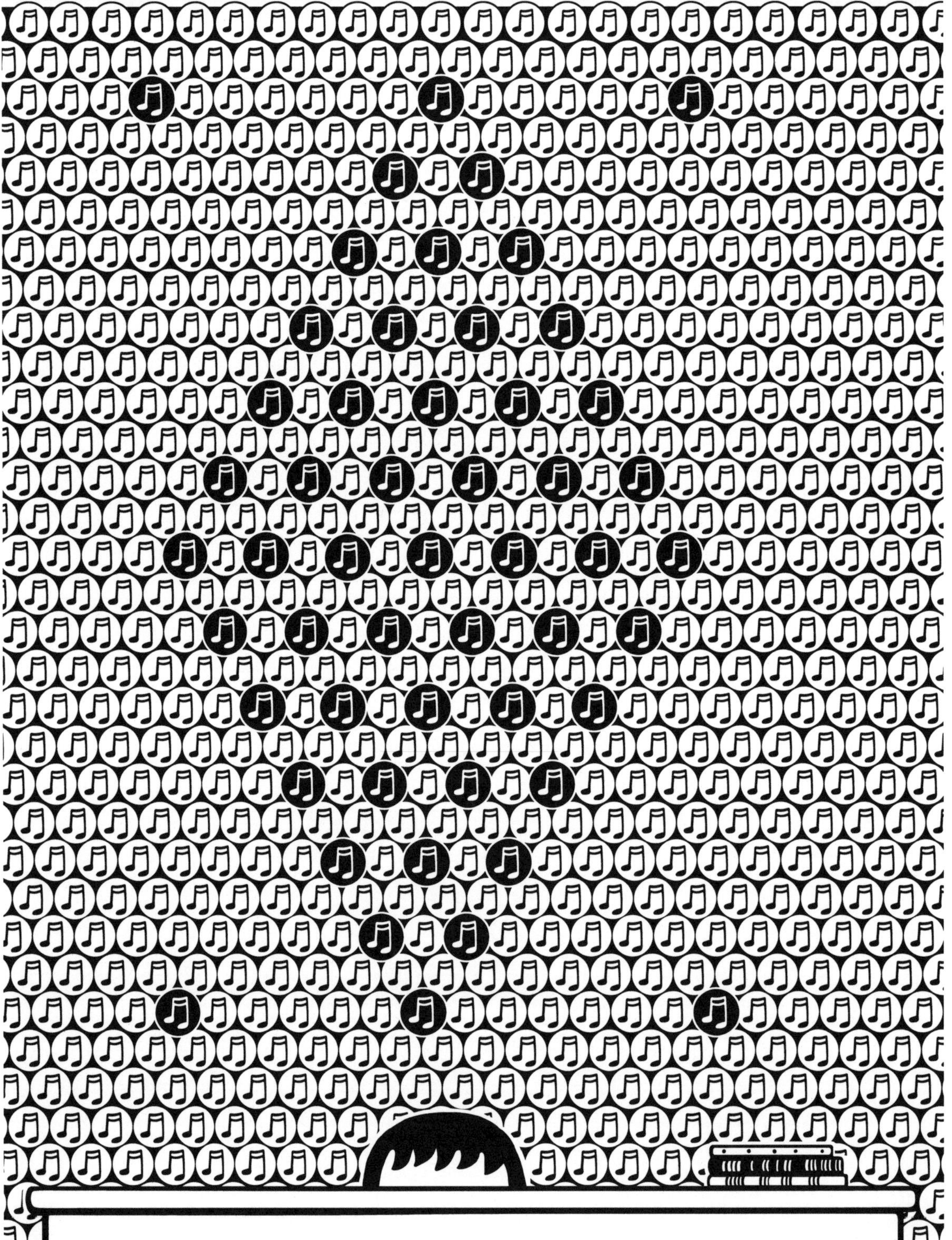
ABDALLAH VERFOLGTE EINEN TRAUM ...

... ER WOLLTE DIE MELODIEN, DIE IHM DURCH DEN KOPF SCHWIRRTEN, AUF DEM KLAVIER SPIELEN.

grmbl
tschi
tschi
tja
tschi
DER ABSTAND ZWISCHEN ZWEI KLAVIERTASTEN ENTSPRICHT EINEM HALBTON.
gut
scritch
scritch
gut
gut
gut
scritch

hmm
tschi
tschi
DOCH ABDALLAH TRÄUMTE DAVON, ORIENTALISCHE MELODIEN ZU SPIELEN …

grmbl
tschi
tschi
... UND IN DER ORIENTALISCHEN MUSIK WAR DER KLEINSTE ABSTAND ZWISCHEN ZWEI TÖNEN EIN VIERTELTON!

hmm
pfff...

MAN KONNTE ALSO AUF EINER KLAVIERTASTATUR KEINE ORIENTALISCHEN MELODIEN SPIELEN ...

hmm
hmm
kratz
kratz
pfff...

scritch
scritch

WOLLEN DOCH MAL SEHEN ...

ER VERBRACHTE SEINE ZEIT

VOR DEM KLAVIER,

HINTER DEM KLAVIER,

MANCHMAL SOGAR UNTER DEM KLAVIER,

ABER VOR ALLEM IM KLAVIER.

ZEHN

JAHRE

SUCHTE

ABDALLAH

EINE

MECHANISCHE

LÖSUNG,

MAL SEHEN ...

SIEH AN.

PUUH

MEIN ARMER FREUND.

WIRKLICH KEIN KINDERSPIEL!

UM VIERTELTÖNE SPIELEN ZU KÖNNEN, OHNE SEIN KLAVIER ÄUSSERLICH VERÄNDERN ZU MÜSSEN.

hop

ZWÖLFMAL

ZERLEGTE ER

SEIN KLAVIER

UND BAUTE
ES WIEDER
ZUSAMMEN.

aua

EINE GANZ SCHÖN
HARTE NUSS!

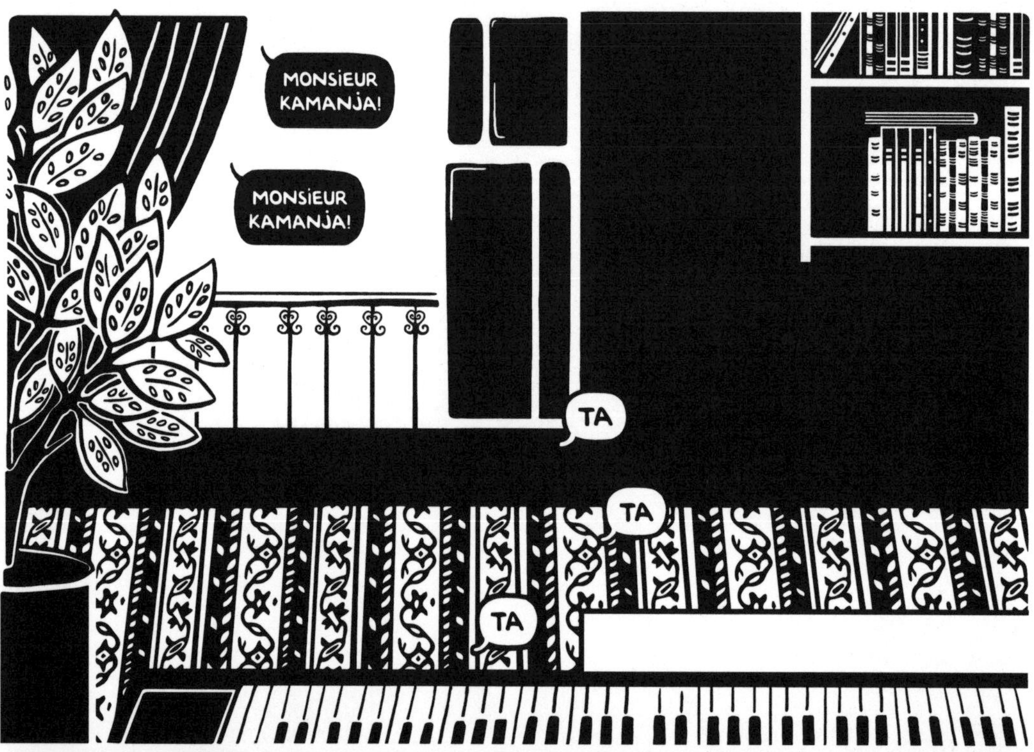

WENN ABDALLAH NICHT GERADE BEI DER EISENBAHNGESELLSCHAFT ODER IN SEINEM ATELIER ARBEITETE, WEILTE ER IN JENEN ZEHN JAHREN AM ANDEREN ENDE DER STADT,

... IN EINEM KONZERTSAAL ODER EINER KIRCHE, EINEM KLOSTER ODER EINEM THEATER,
JA?
tschi
AH, TOUFIC, BIST DU'S?
BEI DEN KAPUZINER-SCHWESTERN?
JA
tschi
JA
tschi
NATÜRLICH.
JA
WIE BITTE?
tschi
EIN KLAVIER?
JA
tschi
tschi
tschi
SCHHT!
tschi
SEI STILL, LUDWIG! MAN VERSTEHT JA NICHTS!
MAL SEHEN ...
ICH MUSS MEINEN TARBUSCH VOM BAHNHOF HOLEN ...
SAG SCHWESTER JOSEPHINE, DASS ICH UM 17:30 UHR DA BIN!
WIE BITTE? THÉRÈSE MARSABÉN MEINT, ICH SEI ZU LAUT?
GUT.
DANKE, MEIN JUNGE.
... UND STIMMTE EIN KLAVIER.

ES GAB IN DER STADT KEIN KLAVIER, DAS NOCH GEHEIMNISSE FÜR IHN BARG.

MIT DER ZEIT ZEICHNETE ER IN SEINEM KOPF EINEN STADTPLAN, AUF DEM DIE STANDORTE „SEINER" KLAVIERE MARKIERT WAREN.

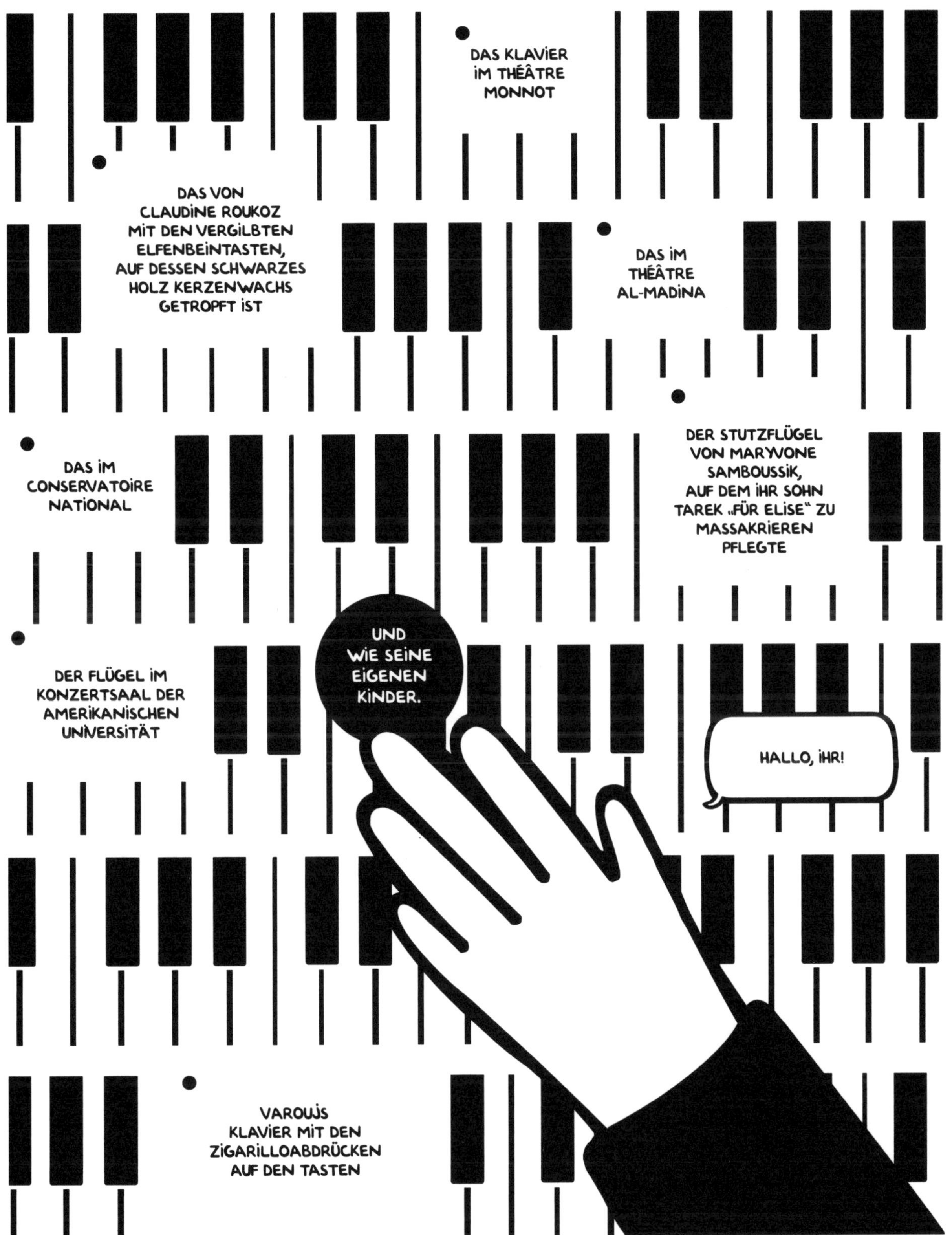
DAS KLAVIER IM THÉÂTRE MONNOT
DAS VON CLAUDINE ROUKOZ MIT DEN VERGILBTEN ELFENBEINTASTEN, AUF DESSEN SCHWARZES HOLZ KERZENWACHS GETROPFT IST
DAS IM THÉÂTRE AL-MADINA
DAS IM CONSERVATOIRE NATIONAL
DER STUTZFLÜGEL VON MARYVONE SAMBOUSSIK, AUF DEM IHR SOHN TAREK „FÜR ELISE“ ZU MASSAKRIEREN PFLEGTE
DER FLÜGEL IM KONZERTSAAL DER AMERIKANISCHEN UNIVERSITÄT
UND WIE SEINE EIGENEN KINDER.
HALLO, IHR!
VAROUJS KLAVIER MIT DEN ZIGARILLOABDRÜCKEN AUF DEN TASTEN

BESONDERS LIEBTE ER DEN ALTEN STEINWAY DER KAPUZINERSCHWESTERN.
VATER COLANGETTE HAT UNS VIEL VON IHNEN ERZÄHLT.
ER HÄLT GROSSE STÜCKE AUF SIE, MÜSSEN SIE WISSEN …
DAS IST UNSER MUSIKSAAL.
SCHWESTER JOSEPHINE GIBT GERADE GESANGS-UNTERRICHT.
SCHWESTER JOSEPHINE, GEHEN SIE MIT DEN MÄDCHEN IN DEN LESESAAL, SOLANGE HERR KAMANJA HIER ARBEITET!
MACHEN SIE ES SICH BEQUEM, HERR KAMANJA.
IN REIH UND GLIED, DIE DAMEN!
… UND SCHICKEN SIE EINES VON IHNEN EINEN KAFFEE FÜR HERRN KAMANJA HOLEN.
TA
TA
DANKE, SCHWESTER.
WIR WOLLEN SEHEN, OB DER NEUE BENIMMKURS FRÜCHTE ZEITIGT.
SEHR WOHL.

SCHEINBAR HATTE MADAME CLAUDINES BENIMMKURS WENIGSTENS EINE FRUCHT GEZEITIGT.
ED SEILER
KITZINGEN
DENN ER FÜHRTE DIE SCHÖNE ODETTE MIT EINER TASSE KAFFEE ZU ABDALLAH.

ODETTES FAMILIE SCHENKTE IHR NACH ALTER TRADITION EINEN GÜRTEL AUS GOLDSTÜCKEN.

"cling" "cling" "cling" "cling" "cling" "cling" "cling" "cling" "cling" "cling" "cling" "cling" "cling"

SIE TANZTEN DIE GANZE NACHT DURCH.

DING
DING
DING
DING
NEUHEITEN
DIE FAMILIE WUCHS.
... ABDALLAH SUCHTE IMMER NOCH.

grmbl

kratz
KONZENTRIER DICH, ABDALLAH!

pffff...
kratz
kratz
hmm

hmm
scritch
scritch

DAS KLAVIER DARF IN SEINER ÄUSSEREN FORM NICHT VERÄNDERT WERDEN ...
DAS IST DAS WICHTIGSTE!

BIS ZU JENEM TAG,
KAMANJA!!! ES REICHT JETZT!
BAM
ALS THÉRÈSE MARSABÉN,
RU-HE!
BAM
BUNK!!
RU-HE!
DIE NACHBARIN VON OBEN,
RU-HE!
BAM
DIE BEHERRSCHUNG VERLOR.
AU
DIESE THÉRÈSE MARSABÉN SCHRECKT VOR NICHTS ZURÜCK.
BAM
BAM
KRATZ KRATZ
RUHE, RUHE ...
DIE IST GUT!
RUHE? ...
BAM
PAF!
RUHE! ABER NA KLAR!
SIE HAT RECHT!
HA HA!
BAM
KAMANJAAAA!!!!

KRRRRR
KRRRRRRR
KRRRR
KRRR
KRRR
KRR
KRR
RR
RRR
KRRR
KRRR
DIESE THÉRÈSE MARSABÉN IST EIN GENIE!
KRRRR
KRRRR
KRRR
EURÊKAAAAAA!!!

IN FRANKREICH ANGEKOMMEN,
MUSSTE ICH DIE MIKADOSTÄBE AUSEINANDER-SORTIEREN
uiuiui
uiuiui
uiuiui

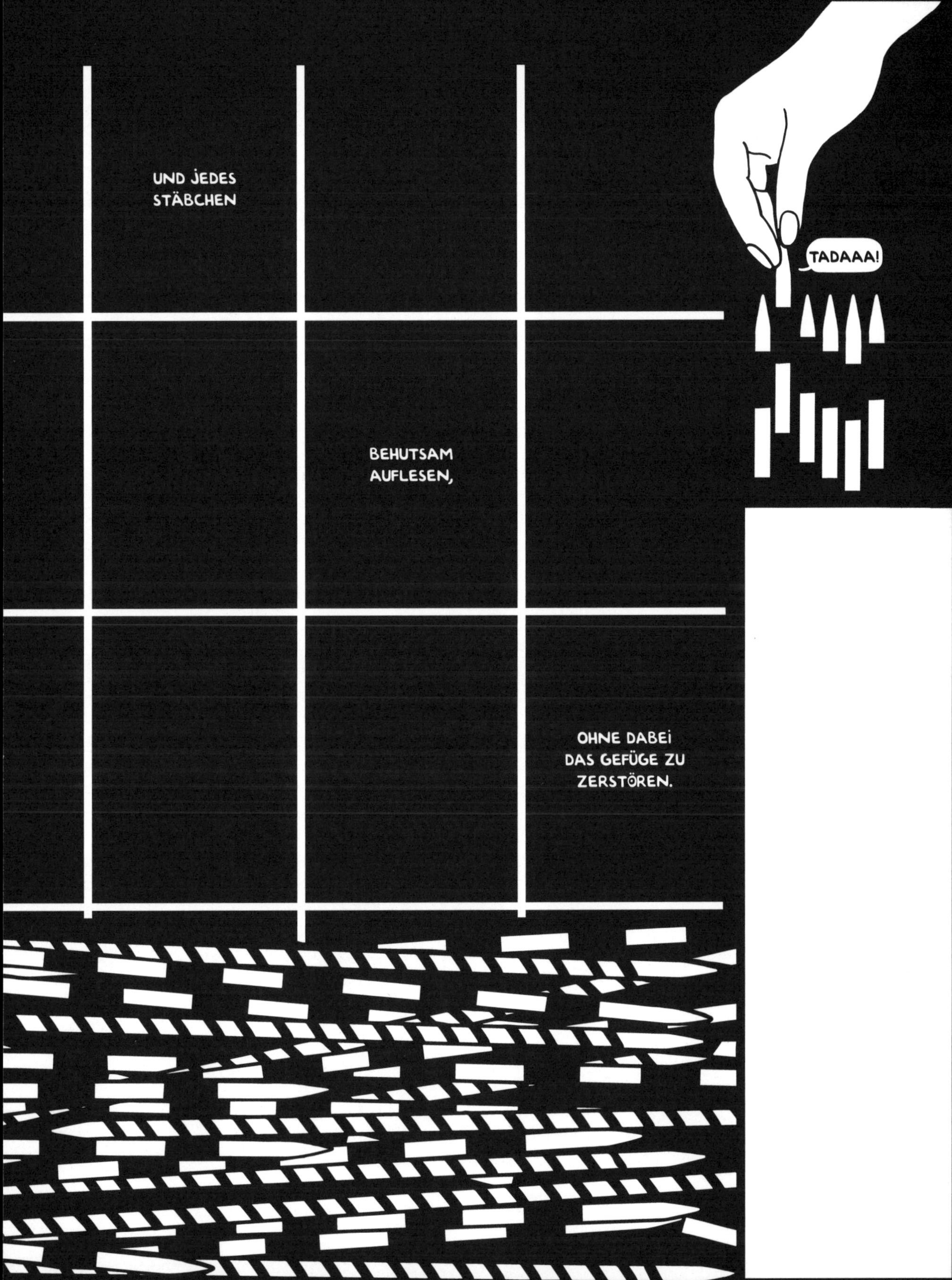

UND JEDES
STÄBCHEN

BEHUTSAM
AUFLESEN,

OHNE DABEI
DAS GEFÜGE ZU
ZERSTÖREN.

TADAAA!

DER GRIFF IN DIE TRICKKISTE: ZUERST MUSSTEN ENTSPRECHUNGEN FÜR BESTIMMTE LIBANESISCHE WÖRTER GEFUNDEN WERDEN.

YAANI BEDEUTET „DAS HEISST". TAYYEB „GUT". ENNO „EIGENTLICH". ICH ERSETZTE SIE ALLE DREI INSTINKTIV DURCH EIN UND DASSELBE WORT.

Das führte EIGENTLICH wieder zu einer EIGENTLICH neuen Kette die von nun an EIGENTLICH immer meine EIGENTLICH französischen Sätze untermalte

DANN GIBT ES NOCH „LEYK", DAS AUF ARABISCH „SIEH MAL" HEISST. MAN BEGINNT EINEN SATZ OFT MIT „LEYK", UM DIE AUFMERKSAMKEIT DES ZUHÖRERS AUF SICH ZU LENKEN. IN FRANKREICH SAGT MAN STATT

IM ORIENT VERMITTELT ALSO DER BLICK, IM WESTEN TUN DAS DER MUND UND DIE OHREN ...

AUSSERDEM GALT ES, DIE MYSTERIEN DER FRANZÖSISCHEN SPRACHE ZU ERGRÜNDEN,

ZUM BEISPIEL:

FFF

FFF

FFF

FFF

OH!

OH! ES IST MILD HEUTE!

FFF

HMM...

DIESES REIZENDE „ES IST MILD“ MACHTE MICH LANGE VÖLLIG RATLOS ...

MILD WIE DIE SANFTE BERÜHRUNG EINER FRISCHEN BRISE?

ODER

MILD WIE DIE SANFTE BERÜHRUNG EINES SONNEN-STRAHLS?

WEISS DER KUCKUCK ...

ICH VERSTAND ES SCHLIESSLICH SO:

„ES IST NICHT SO KALT WIE ERWARTET UND DAS IST ANGENEHM“ ...

ODER SO ÄHNLICH.

... WENN MAN BEDENKT, DASS ES IN BEIRUT NUR „HEISS“, „SEHR HEISS“ ODER „KALT“ GAB.

SICH MIT EINIGEN UNUMGÄNGLICHEN FLOSKELN VERTRAUT ZU MACHEN,

SICH A) ÜBER DIE LAUTMALERISCHEN UNTERSCHIEDE UND DIE PHYSIOGNOMIEN DER BEIDEN SPRACHEN ZU AMÜSIEREN:

* DIE „H"S AUSSPRECHEN!

UND B) ÜBER DIE GESTEN, DIE IM LIBANON HARMLOS, ABER IN FRANKREICH MEHRDEUTIG SIND:

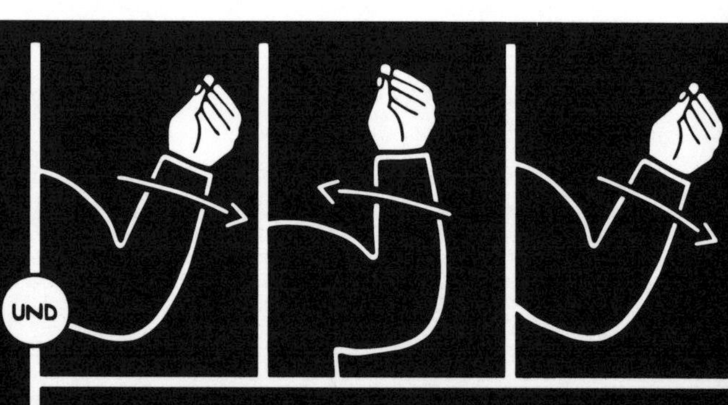

WENN MAN DIE HAND NICHT BEWEGT, HEISST DAS „WARTE!", WENN MAN SIE BEWEGT, „BERUHIG DICH!".

KURZ, ICH MUSSTE DIE KLUFT ZWISCHEN DEN SPRACHEN AKZEPTIEREN.

... NACH EINEM NEUEN HAARSCHNITT

NAÎMAN

NAÎMAN IST DIE KURZFORM EINER HÖFLICHKEITSFLOSKEL, DIE SO VIEL BEDEUTET WIE „MÖGE GOTT GROSSZÜGIG ZU DIR SEIN. MÖGE ER DIR GNÄDIG SEIN UND DICH SEGNEN.“

MAN BENUTZT DAS WORT „NAÎMAN“ NACH EINER „AUFFRISCHUNG“, DIE DEN WUNSCH ZUR „ERNEUERUNG“ BEINHALTET ...

DOCH WIE GUT ES AUCH GEMEINT SEIN MAG, ZU JEMANDEM, DER GERADE BEIM FRISEUR WAR, ZU SAGEN:

IST DANN DOCH EHER SELTSAM ...

ALS SIE EINES DIESIGEN, VERSCHNEITEN MORGENS ENDLICH IN WIEN ANKAMEN,

ERREICHTE ABDALLAHS AUFREGUNG IHREN HÖHEPUNKT.

SEINE AUGEN SUCHTEN UNGEDULDIG JEDES DETAIL AN DEN FASSADEN DER HÄUSER AB.

SEINE FIEBRIGEN FÜSSE SCHARRTEN UNRUHIG IN DEN ITALIENISCHEN „VERA PELLO“

MAHLER!
UND VERLOREN
STRAUSS!
BALD
MOZART!
DEN KONTAKT
ZUM BODEN.
MOZART, VICTOR!
MOZART!
KOMMST DU JETZT WIEDER RUNTER?
WIR KOMMEN NOCH ZU SPÄT.
FFF

HOFMAN ERWARTETE SIE BEREITS.
HERR KAMANJA! HERR CHALLITA!
HERZLICH WILLKOMMEN!
ICH FREUE MICH, SIE IN WIEN BEGRÜSSEN ZU DÜRFEN!
Hofman
ES IST MIR EIN VERGNÜGEN!
FLAP
FLAP
FLAP
FLAP
FLAP
FLAP
FLAP
FLAP
FLAP
FLAP
FLAP
FLAP
FLAP
FLAP
FLAP
FLAP

ABDALLAH VERLOR KEINE ZEIT. ER SETZTE SICH AN SEIN KLAVIER,

HERR KAMANJA!

WIR KÖNNEN ES KAUM ERWARTEN, DEN BERÜHMTEN VIERTELTON ZU HÖREN!

WIR WOLLTEN ES NICHT ANFASSEN, BEVOR SIE HIER SIND!

... UND WIR SIND SCHON GANZ GESPANNT, WIE IHR KLAVIER FUNKTIONIERT!

UND IN GEDANKEN GANZ BEI SEINEM KLEINEN HEIMATLAND - EINEM LAND SO KLEIN, DASS MAN ES AUF DER LANDKARTE MIT DEM FINGER VERDECKEN KANN - BEGANN ER ZU SPIELEN.

UND PLÖTZLICH,
EIN ANDERER KLANG …
UND WIEDER,
JEDES MAL, WENN ABDALLAHS FUSS DAS DÄMPFERPEDAL TRAT, …
ZIPPEL ZAPPEL
OHO!
UND
AH!
… WIEDER DAS PEDAL
ZIPPEL ZAPPEL

ABDALLAHS KLAVIER WAR SCHON EIN PAAR TAGE VOR IHNEN IN WIEN EINGETROFFEN.
ES STAND BEREIT, FERTIG AUSGEPACKT UND GESTIMMT, UND WARTETE AUF SEINEN BESITZER.
HATTEN SIE EINE GUTE REISE?
HOFMAN senior
DIE „PIERRE DE ROSETTE" SOLL JA EIN SCHWIMMENDES SCHMUCKSTÜCK SEIN!
HOFMAN junior
UFF!
PRÄCHTIGE SCHNURRBÄRTE! ...
DARF ICH IHNEN DIE MÄNTEL ABNEHMEN, MEINE HERREN?
BITTE, MAESTRO, SETZEN SIE SICH.

ES IST EIGENTLICH GANZ EINFACH.
KAMANJAAAAAA!
AUFHÖREN!
ES REICHT JETZT, KAMANJA!
WEIL SICH MEINE NACHBARIN THÉRÈSE MARSABÉN JEDES MAL ÜBER DEN „KRACH“ BESCHWERTE, DEN MEIN KLAVIER MACHTE,

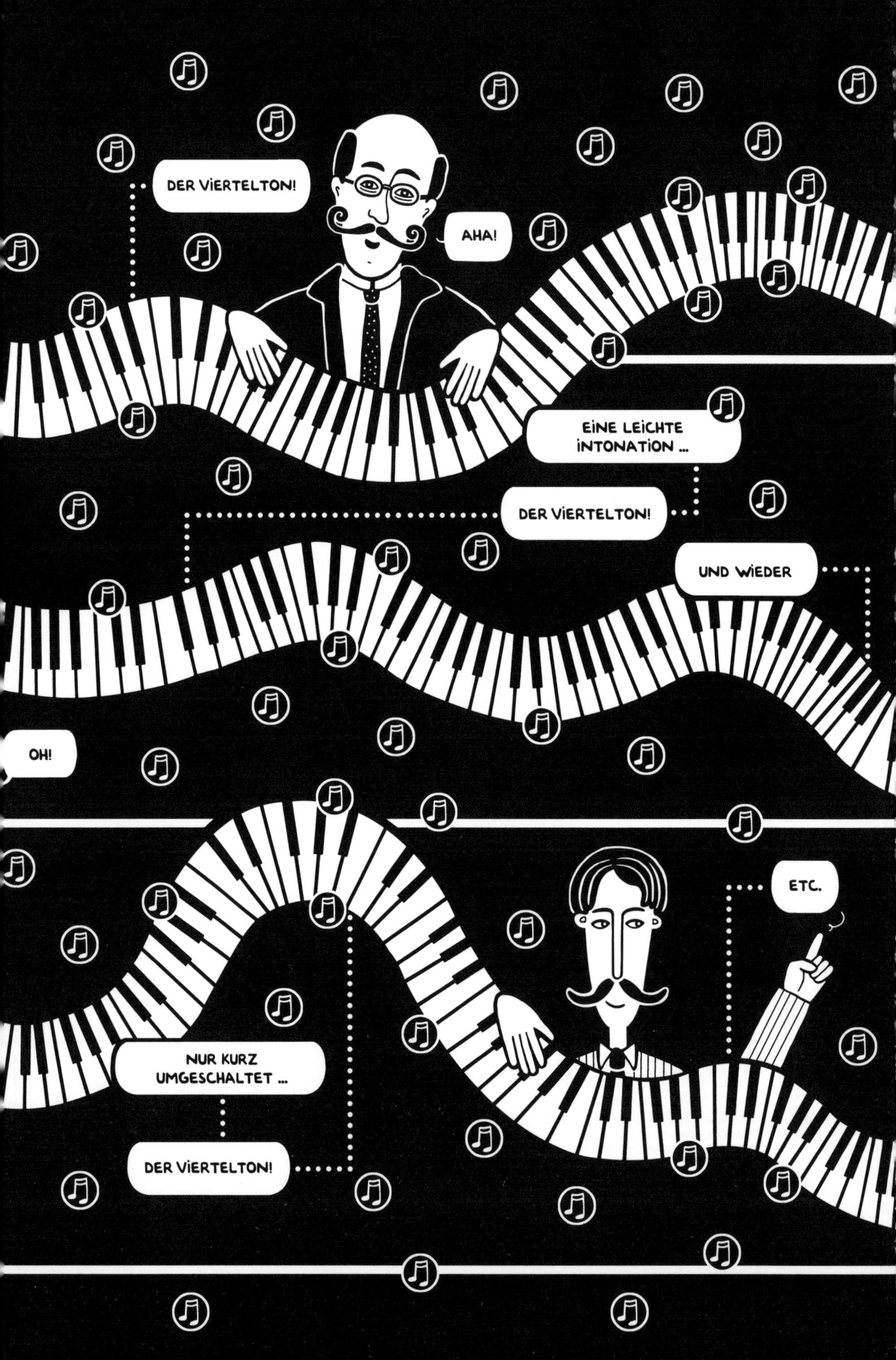
DER ViERTELTON!
AHA!
EiNE LEiCHTE
iNTONATiON ...
DER ViERTELTON!
UND WiEDER
OH!
NUR KURZ
UMGESCHALTET ...
DER ViERTELTON!
ETC.

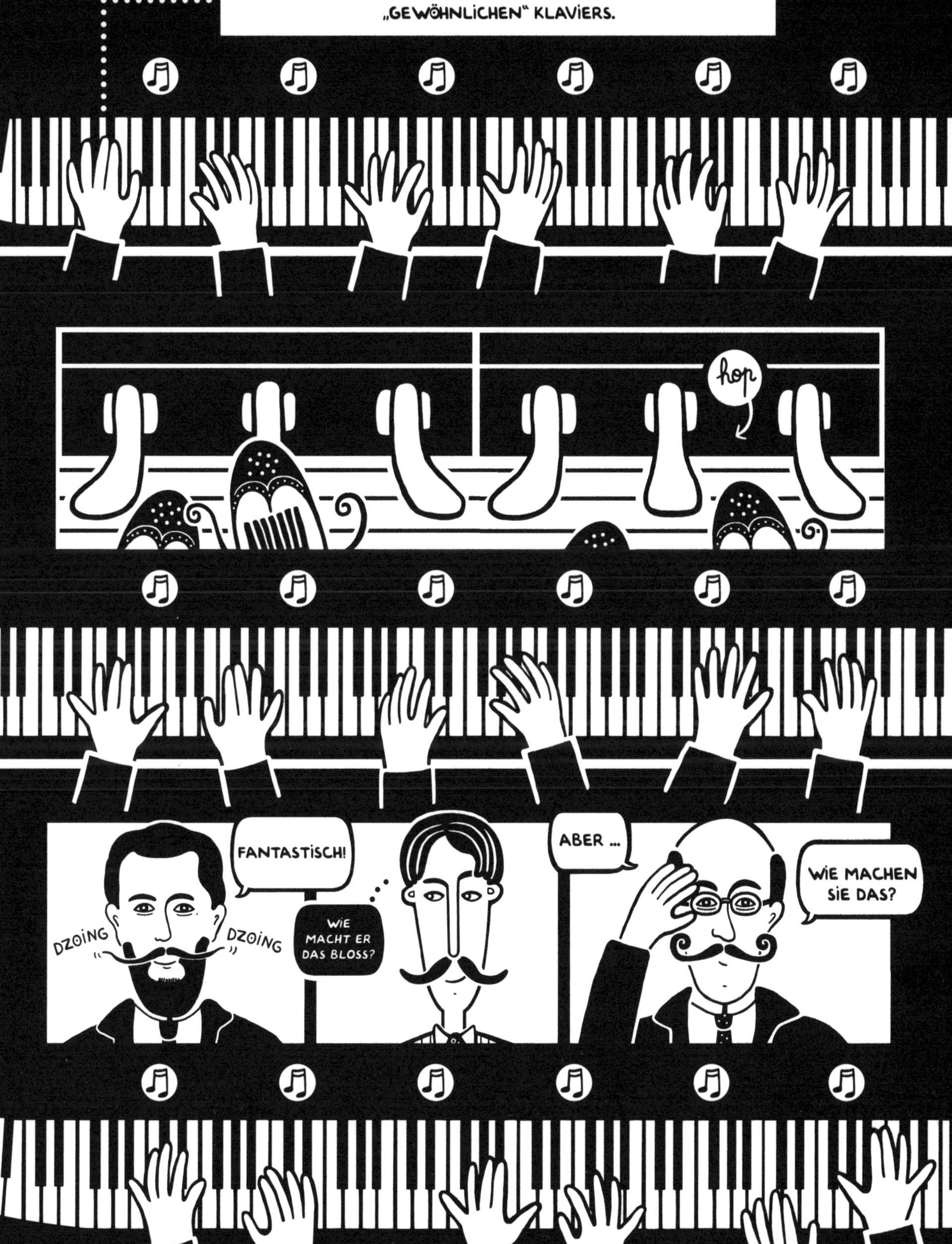
UND DANN WIEDER DIE MUSIK EINES …
„GEWÖHNLICHEN" KLAVIERS.
hop
FANTASTISCH!
DZOING
DZOING
WIE MACHT ER DAS BLOSS?
ABER …
WIE MACHEN SIE DAS?

LEGTE DEN SCHNEEBEDECKTEN TARBUSCH SEINES ONKELS KHALIL AB ...

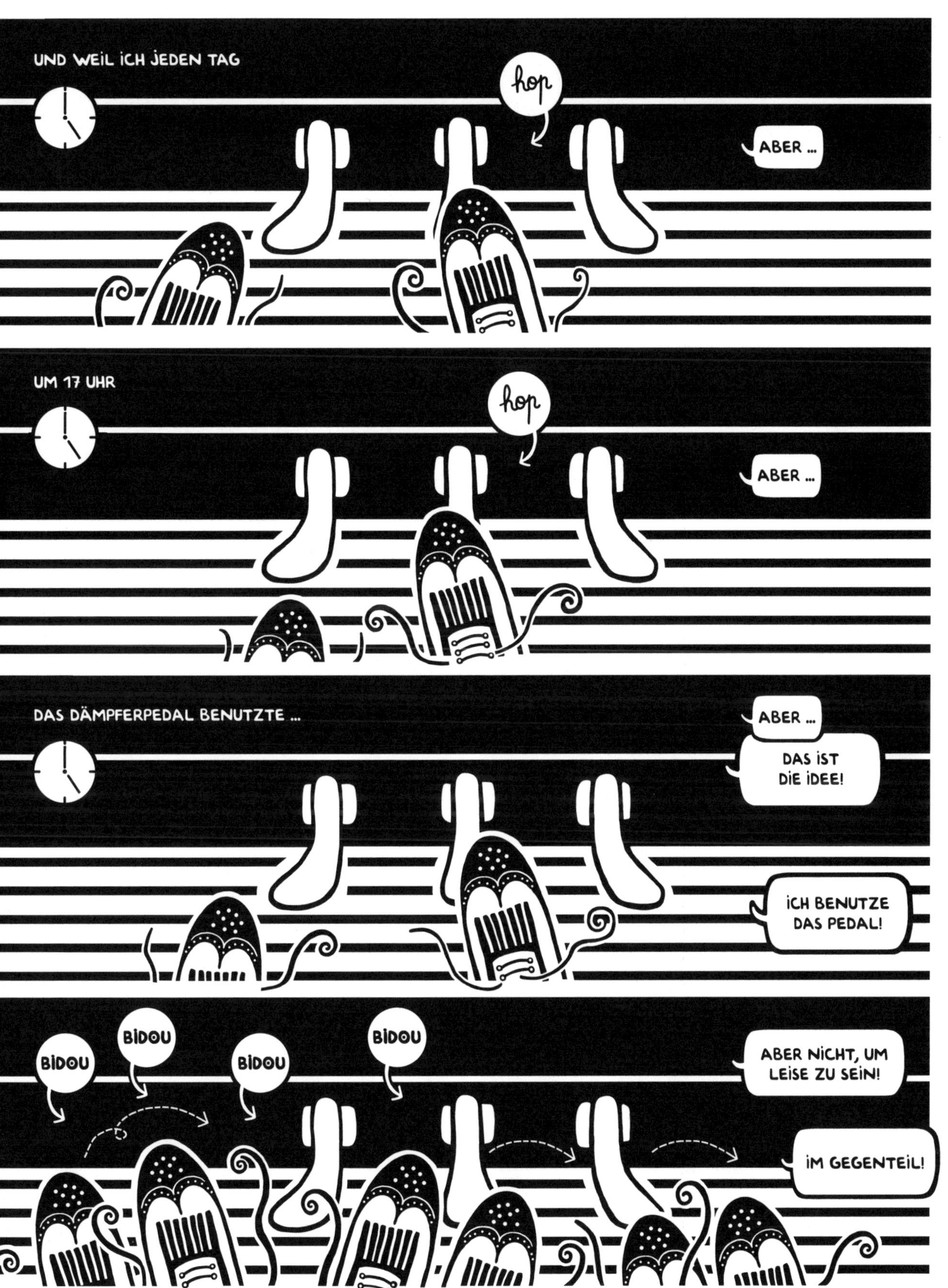
UND WEIL ICH JEDEN TAG
hop
ABER ...
UM 17 UHR
hop
ABER ...
DAS DÄMPFERPEDAL BENUTZTE ...
ABER ...
DAS IST DIE IDEE!
ICH BENUTZE DAS PEDAL!
BIDOU
BIDOU
BIDOU
BIDOU
ABER NICHT, UM LEISE ZU SEIN!
IM GEGENTEIL!

„ANSTATT DEN KLANG ZU DÄMPFEN, WERDEN DURCH BETÄTIGUNG DES DÄMPFERPEDALS DIE SAITEN IM INNERN DES KLAVIERS VERSETZT!"
SAITE
HAMMER
TASTE
SO BRINGT DER HAMMER NICHT DIE SAITEN ZUM KLINGEN, DIE ER SOLL, ... SONDERN DIE NACHBARSAITEN.
HA!
DANKE, NACHBARIN!
„EIN SO GENUTZTES PEDAL IST IN DER LAGE, DEN VIERTELTON WIEDERZUGEBEN, OHNE DASS DIE KLAVIATUR ODER DAS KLAVIER IN IHRER ÄUSSEREN FORM VERÄNDERT WERDEN MÜSSEN."
AAAAH!
OOOOH!
„DAS UMSCHALTEN, WENN SIE MIR DIESE KURZFASSUNG GESTATTEN, GESCHIEHT IM INNEREN UND BLEIBT STETS UNSICHTBAR!"
TSCHTIC
TSCHTIC
TSCHTIC
TSCHTIC
PASSEN SIE AUF!
DAS IST NOCH NICHT ALLES!

WENN SIE DAS PEDAL NÄMLICH LOSLASSEN,
HABEN SIE WIEDER EIN WOHL-TEMPERIERTES KLAVIER!
AH!
UND
WENN SIE DAS PEDAL WIEDER TRETEN,
SPIELT DAS KLAVIER ERNEUT VIERTELTÖNE!
OH!
KURZ UND GUT, MEINE VEREHRTEN HERREN:
DAS KLAVIER IST ZWEISPRACHIG!

DIE SPRACHE DES KLAVIERS WIRD MIT DEN HÄNDEN ...
PROST, MEIN LIEBER!
UND MIT DEM FUSS GESPROCHEN!
WIR HABEN DEN VERTRAG SCHON VORBEREITET.
AUF IHR WOHL, HERR KAMANJA!
LANG LEBE DAS PIANO ORIENTAL, MEIN FREUND!
UNTERSCHREIBEN SIE, HERR KAMANJA!

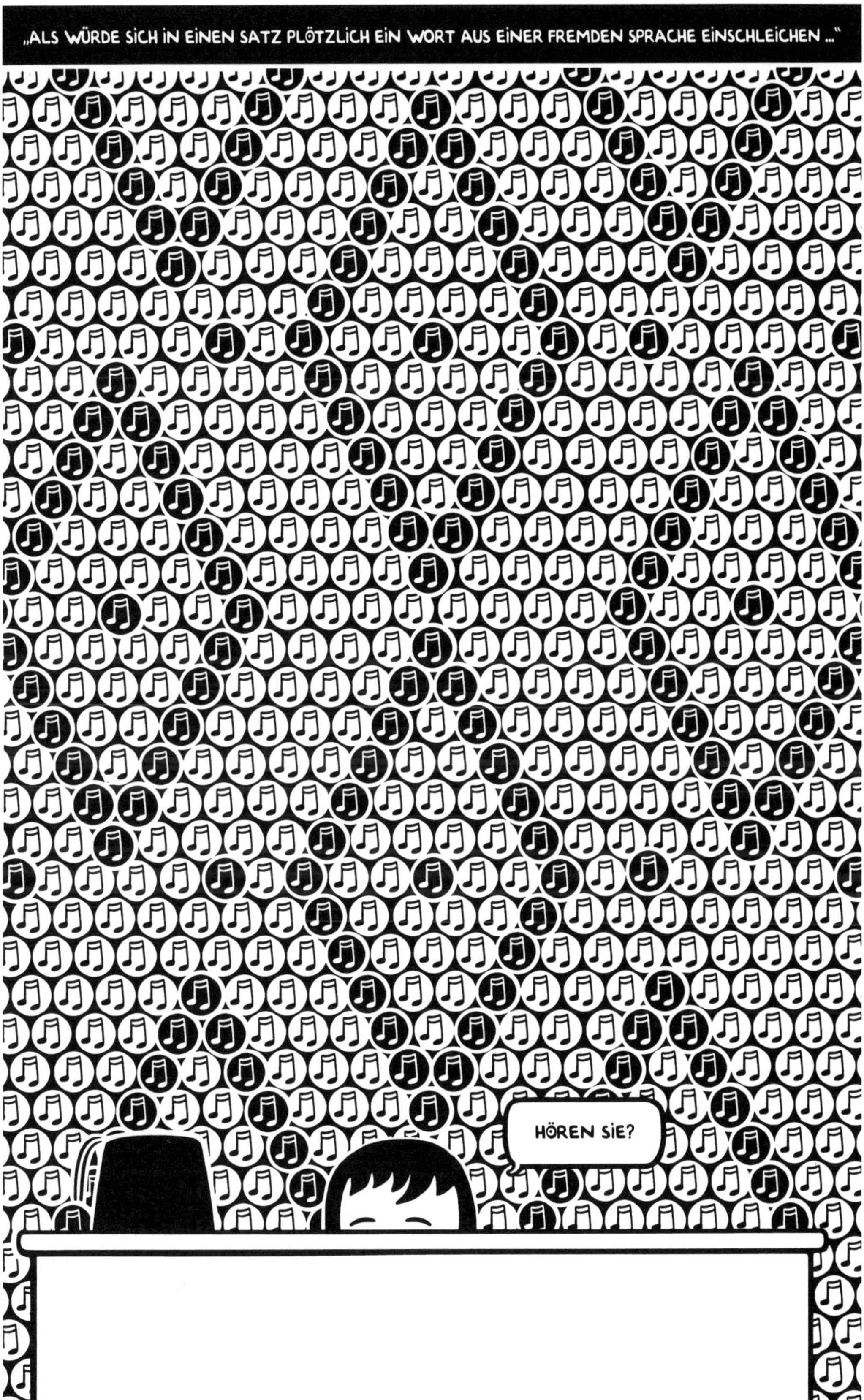

„ALS WÜRDE SICH IN EINEN SATZ PLÖTZLICH EIN WORT AUS EINER FREMDEN SPRACHE EINSCHLEICHEN …“

HÖREN SIE?

EINE KLEINIGKEIT NOCH, HERR KAMANJA,
GELINGT ES IHNEN, 100 BESTELLUNGEN DES PIANO ORIENTAL ZUSAMMEN-ZUBEKOMMEN, WERDEN WIR ES IN GROSSEM UMFANG PRODUZIEREN!
SIE SCHAFFEN DAS, ICH HABE KEINEN ZWEIFEL!
BIS BALD, HERR KAMANJA!

EIN ORIENTALISCHES KLAVIER … DAS ZUSAMMENRÜCKEN ZWEIER UNVEREINBAR GEGLAUBTER WELTANSCHAUUNGEN,

DIE DOPPELTE MUSIK,

DIE LEICHTFÜSSIGKEIT, MIT DER EINE NOTE MITTEN IM SATZ ÜBERRASCHEND UMSCHWENKT,

DAS ALLES BIN ICH.

EIN PIANO ORIENTAL ZU SEIN, BEDEUTET, IN PARIS EIN FENSTER ZU ÖFFNEN

UND UNTERBEWUSST ZU HOFFEN, AUFS MEER HINAUSZUBLICKEN.

HINTER DEN HAUSSMANN'SCHEN GEBÄUDEN,

GANZ WEIT HINTEN,

MEINT MAN, NACHTS DIE LICHTER DER FISCHERBOOTE FLACKERN ZU SEHEN,

WEIT ENTFERNT ... AM HORIZONT.

DAS KENN ICH TOTAL GUT!
HACH! SCHÖN HIER, ODER?
OH, JA!
LOS, HOL UNS EINEN SCHEMEL!

… NACH EIN PAAR WOCHEN KAMEN ABDALLAH UND VICTOR WIEDER IN BEIRUT AN, JEDER AUF SEINE ART DURCH DIE REISE VERÄNDERT.
tschi

ABDALLAH HATTE NATÜRLICH BLOSS SEIN KLAVIER IM KOPF. UND VICTOR …
tschi
tschi
tschi
tschi
tschi
tschi
UND VICTOR!
DU WIRST ES NICHT GLAUBEN, ODETTE!
VICTOR IST VERLIEBT!
tschi
ACH?!
DAS SAGT ER DOCH JEDES MAL!
tschi
tschi
LASS LUDWIG IN RUHE, HABIBI.
HMMM … WIE DU DUFTEST …
JA … VIELLEICHT HAST DU RECHT.

WIE, „DAS SAGE ICH DOCH JEDES MAL"?
Time for a KENT
Rivoli
SO VERLIEBT WAR ICH NOCH NIE, MEIN FREUND!
le gendarme en balade
LOUIS DE FUNES
DEUX GRANDS FILMS AU MEME PROGRAMME
SEAN CONNERY
SHALAKO
BARDOT
DA!
SIEHST DU? SIE BRINGEN EIN WERBESCHILD AN ...

ACH, BEIRUT!
DAS GUTE ALTE BEIRUT WIRD SICH NIE VERÄNDERN!
JA, SCHÖN, WIEDER HIER ZU SEIN.
HAHA
JA, MEIN GUTER, DAS IST DER HOFMAN'SCHE SCHNÄUZER!
SAG MAL, LÄSST DU DEINEN BART WACHSEN?
HA!
NICHT SCHLECHT, WAS?
ZIEP
ZIEP
ACH! MEIN FREUND,
BALD BEGINNT EIN NEUES LEBEN FÜR GISELA UND MICH ...
IN DIESER UNSTERB-LICHEN STADT!
GISELA ZIEHT ZU DIR?
JA DOCH, MEIN FREUND! JA DOCH!
ÄHM ...
IN DER ZWISCHENZEIT MUSS ICH EINIGES ... ERLEDIGEN.

DU HILFST MIR DOCH?
pa
pappa
pappaaa
pa
pa
pada
pappa
pa
CINQUE
pa
pada
pappa
pa
DIECI
pa
pada
pappa
pa
VENTI
pa
pada
pappa
pa
TRENTA!
36
43
TREEEENTA SEEEEEI...
QUARANTA TRE!
SIEHST DU?
ICH NEHME MASS!
ÄHM ...
HUST
EIN WENIG MEHR MASS TÄTE DIR SOWIESO GUT, FIGARO!
NA
NA
NA
ABER WO DU JETZT PLÖTZLICH VERRÜCKT BIST ...
NACH DER OPER,
VERGISS NICHT
DINA
MARIELLE
SARAH
SOLANGE
RITA
pa
papada
pa
papada
pa ...
SOUAD
NAYLA
RAYA
RANIA
MILE TRE!
OLGA
YASMINA
NATHALIE
CARLA
LAYAL
MANALE
MARWA
JINANE

UM ABDALLAH EINE FREUDE ZU MACHEN, HATTE VICTOR IN WIEN ZWEI KARTEN FÜR DIE OPER BESORGT.
UNMÖGLICH!
ER IST UNMÖGLICH!
WO STECKT ER BLOSS WIEDER?
PFFF
TEUFEL NOCH MAL!
WO STECKT DIESER BL...
HUIUUI!
WAS SEHE ICH DA?

MEINE AUGEN!
WELCH SCHÖNHEIT!
MEIN HERZ!
OH!
SIE SUCHT NOCH EINE KARTE FÜR HEUTE ABEND ...
UFFF!
UND KEIN ABDALLAH WEIT UND BREIT ...
AAAH!
RUHIG BLUT!
DAS ARME KIND HAT IMMER NOCH KEINE KARTE GEFUNDEN ...
ABDALLAH! WO BIST DU, ABDALLAH!
ACH, NEIN!
ICH KANN SIE DOCH NICHT HIER DRAUSSEN IN DER KÄLTE STEHEN LASSEN ...
ABDALLAH! PECH GEHABT.
MADEMOISELLE! MADEMOISELLE!
SIE SUCHEN EINE KARTE FÜR „DON GIOVANNI“?
DAS TRIFFT SICH GUT, ICH HAB NOCH EINE ÜBRIG!
WIR WERDEN UNS GEWISS VORZÜGLICH VERSTEHEN ...
WIEDER EINMAL KAM ABDALLAH ZU SPÄT ... ABER AN JENEM ABEND HATTE VICTOR KEINE GEDULD MIT IHM.
MÖCHTEN SIE MICH BEGLEITEN?

WÄHREND VICTOR IN WIEN SEINE LEIDENSCHAFT FÜR DIE OPER ENTDECKTE, BEKAM ERNEST IN BEIRUT DIE ERSTEN SCHWEISSAUSBRÜCHE.
TUPF
TUPF
WUNDERBAR, MADEMOISELLE!
DAS TORSELETT STEHT IHNEN VORTREFFLICH.
VORTREFF-LICH ...
DIE KUNDINNEN BEMERKTEN NICHTS.
ALBERT DAGEGEN ROCH DEN BRATEN SCHNELL. ABER ES WAR ZU SPÄT.
der Faden zitterte vor Wut
VICTOOOOR!!!
... DU HAST DEINEN ZWILLINGSBRUDER AN DIE THEKE GESTELLT!!
DAS WIRD EIN NACHSPIEL HABEN!
DON...
GIO...
VAAA...
NNiiii!

VICTOR WAR LÄNGST ÜBER ALLE BERGE.

AAAAH!
WIE DAS MEER DUFTET!
DAS NENNE ICH GLÜCK, MEIN FREUND!
GANZ GENAU!
TOK
TOK
TOK
ICH HAB NACHHER EINE VERABREDUNG.
TOK
TOK
TOK
... MIT EIN PAAR MUSIKERN.
TOK
MOHAMMED ABDEL WAHAB WIRD AUCH DA SEIN!
WUNDERBAR!
TOK
DU WIRST IHNEN DEIN MAGISCHES KLAVIER VERKAUFEN!
TOK
SIE WERDEN ES LIEBEN!
HA HA!
ES IST MAGISCH!
TOK

DAS SCHWIERIGSTE HAST DU GESCHAFFT,
TOK
HOFMAN ZU ÜBERZEUGEN!
TOK
100 BESTELLUNGEN, HERRRR KAMANJAAAA!
TOK
TOK
100 BESTELLUNGEN!
TOK
VERSPÄTE DICH BLOSS NICHT, JA?
SCHLÜRF
hmm

SEIT ICH IN FRANKREICH LEBE,

FAHRE ICH REGELMÄSSIG HEIM IN DEN LIBANON.

MIT DER ZEIT HAT SICH AUS DIESEM HIN UND HER

MEINE IDENTITÄT HERAUSGEBILDET.

MAL WAR SIE DEM EINEN,

MAL DEM ANDEREN LAND NÄHER.

ABER EINE KONSTANTE GAB ES IMMER ...

SELBST NACH ZEHN JAHREN ABWESENHEIT FAHRE ICH IMMER NOCH „HEIM" IN DEN LIBANON ...

… AM 15. MÄRZ 2010 BEKAM ICH DANN EINEN BRIEF.

Se eehrte Frau Abirached,

freuen uns, Ihnen mitteilen zu dürfen,
eit dem 15. Februar 2010 französische
Staatsbürgerin sind.
erscheinen dieser Nachricht im Amtsblatt,
Einbürgerungszeremonie in der Außenstelle des
Polizeipräsidiums der Stadt

ICH WAR ALSO SEIT EINEM MONAT FRANZÖSIN …

J'AI DEUX AMOUUUUURS

SCRITCH

SCRITCHI

SCROTCH

NACH DER EINBÜRGERUNGSZEREMONIE GAB ICH MEINE AUFENTHALTSERLAUBNIS AB UND VERLIESS MIT LEEREN HÄNDEN DIE AUSSENSTELLE. BIS MEIN PERSONALAUSWEIS FERTIG WÄRE, WÜRDE ES EIN PAAR TAGE DAUERN.

EIN PAAR TAGE, IN DENEN ICH ZUM ERSTEN MAL KEINE PAPIERE BESASS, DIE MEINEN AUFENTHALTSSTATUS IN FRANKREICH BELEGTEN. ICH WAR FRANZÖSIN UND LIBANESIN. WAS KONNTEN PAPIERE DARAN SCHON ÄNDERN?

* JOSÉPHINE BAKER „J'AI DEUX AMOURS“, DEUTSCH: „ICH HABE ZWEI LIEBEN, MEIN LAND UND PARIS.“

ALLERHAND, DENN GANZ ALLMÄHLICH …

… DAS GRÖSSTE COMEBACK ABER ERLEBTE

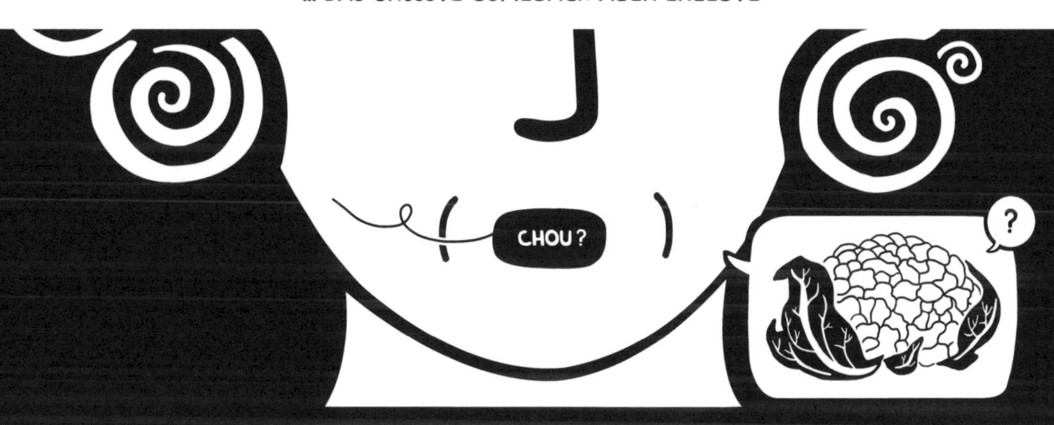

DIESES UNSCHULDIGE „CHOU", DAS „WAS?" ODER „UND?" BEDEUTET,

UND DAS IN EINEM FRANZÖSISCHEN SATZ SO LIEBENSWÜRDIG ZWEIDEUTIG IST.

* FRANZÖSISCH FÜR „KOHL" UND „LIEBLING"

متيل بلدك!
OH JA!
حبيب قلبي!
HABIBI!
... ICH LIESS MEINER SPRACHE FREIEN LAUF.

LASS DICH UMARMEN!
ALTES HAUS!

IRGENDETWAS HATTE SICH GELÖST ...

ICH WAR FRANZÖSIN, UND ZUM ERSTEN MAL HÖRTE ICH KOMMENTARE WIE:

IHR FRANZÖSISCH HAT SO EINE BESONDERE INTONATION ...

... WIE EINE KLEINE MELODIE.

WO KOMMT DENN DIESER SCHÖNE, MELODISCHE AKZENT HER?

GRAOUUUU

GRAOUUUU

TRINKEN SIE NUR, WOHL BEKOMM'S!

AUF DEM PAPIER WAR ICH FRANKO-LIBANESIN, ABER FÜR DIE LEUTE WAR ICH PLÖTZLICH NUR NOCH „DIE LIBANESIN“! …

bestenfalls …

AAAH! DIE ORIENTALISCHE MUSIK!

UMM KULTHUM!

EINE DIVA!

ah ja!

ياحبيبي

ACH SO?

manchmal …

AAAH! DER ORIENT!

SEIN CHARME …

SEINE GEHEIMNISSE!

ah ja?

ACH SO?

oder etwa …

AAAH … DIE LIBANESISCHE KÜCHE!

EURE MEZZE!

SOOO LECKER!

ah ja …

ACH SO?

DENN BEIRUT ... IST IN DEN KÖPFEN DER LEUTE IMMER NOCH EIN KRIEGSSCHAUPLATZ ...

ALSO ...

ICH WAR OFFIZIELL FRANZÖSIN GEWORDEN UND MEINE SPRACHE REBELLIERTE!

ALS WOLLTE SIE MICH AN MEINE HERKUNFT ERINNERN ...

MRAW?

ÄHM!

ENTSCHULDIGUNG, DASS ICH STÖRE, ...

ABER WISSEN SIE, WAS DER DICHTER MIGUEL ZAMACOÏS DAZU GESAGT HAT?

ER HAT GESAGT, „WER EINEN AKZENT HAT, SPRICHT IMMER VON SEINEM LAND, OBWOHL ER EIGENTLICH VON ETWAS ANDEREM REDET!" ...

MRAW!

HÜBSCH!

chin!

UND MABROUK!

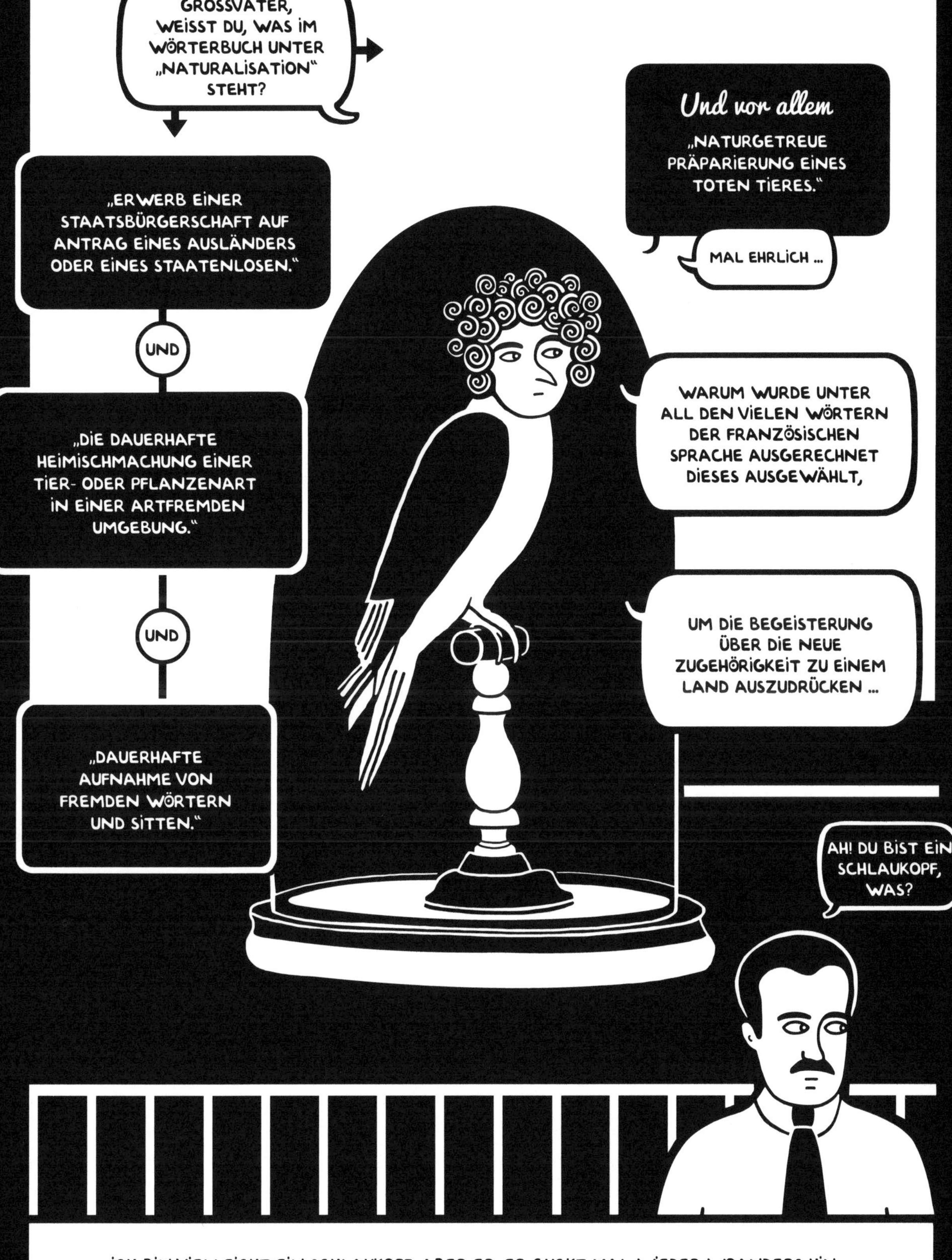
GROSSVATER, WEISST DU, WAS IM WÖRTERBUCH UNTER „NATURALISATION“ STEHT?
„ERWERB EINER STAATSBÜRGERSCHAFT AUF ANTRAG EINES AUSLÄNDERS ODER EINES STAATENLOSEN.“
UND
„DIE DAUERHAFTE HEIMISCHMACHUNG EINER TIER- ODER PFLANZENART IN EINER ARTFREMDEN UMGEBUNG.“
UND
„DAUERHAFTE AUFNAHME VON FREMDEN WÖRTERN UND SITTEN.“
Und vor allem „NATURGETREUE PRÄPARIERUNG EINES TOTEN TIERES.“
MAL EHRLICH …
WARUM WURDE UNTER ALL DEN VIELEN WÖRTERN DER FRANZÖSISCHEN SPRACHE AUSGERECHNET DIESES AUSGEWÄHLT,
UM DIE BEGEISTERUNG ÜBER DIE NEUE ZUGEHÖRIGKEIT ZU EINEM LAND AUSZUDRÜCKEN …
AH! DU BIST EIN SCHLAUKOPF, WAS?
ICH BIN VIELLEICHT EIN SCHLAUKOPF, ABER ER, ER GUCKT MAL WIEDER WOANDERS HIN …

IN DEN FOLGENDEN JAHREN BEKAM ABDALLAH BESUCH VON SÄMTLICHEN MUSIKGRÖSSEN DER ARABISCHEN WELT, DIE SEIN PIANO ORIENTAL SEHEN WOLLTEN.
MOHAMMED ABDEL WAHAB
PHILÉMON WEHBÉ
FARID EL ATRACHE
NASRI SHAMSEDDINE
ZAKI NASSIF
WADIH EL SAFI
SABAH

SIE ZEIGTEN SICH ÜBERRASCHT UND NEUGIERIG, ...
DIE BRÜDER RAHBANI
FAIRUZ
tschi
tschi
tschi

MANCHMAL ENTHUSIASTISCH, ...
BRAVO, MEIN LIEBER!
TOLLES KUNSTSTÜCK!
DIESES PEDAL! EINE GENIALE ERFINDUNG!
PFOUUUU!
WISCH
WISCH
SEHR INTERESSANT!
MANCHMAL ZWEIFELND ...
ABER ...
ICH FRAGE MICH ...
BRAUCHT MAN ÜBERHAUPT EIN KLAVIER, UM ORIENTALISCHE MUSIK ZU SPIELEN?

… UND DIE BESTELLUNGEN LIESSEN AUF SICH WARTEN …

ÄHM ...
... DIESE SZENE WIEDERHOLTE SICH DUTZENDE UND ABERDUTZENDE MALE ...
OH, JA!
ALLE GROSSEN NAMEN DER ORIENTALISCHEN MUSIK ...
LIESSEN IHRE FINGER ÜBER MEINE KLAVIATUR SPAZIEREN!
SELBST DIE, DIE NICHT SPIELEN KONNTEN, WOLLTEN MICH ANFASSEN!

IN DER ZWISCHENZEIT WURDE FAMILIE KAMANJA IMMER GRÖSSER,

IMMER MEHR HÄNDE WANDERTEN ÜBER DIE TASTEN DES PIANO ORIENTAL

UND BEI ABDALLAH GINGEN ENDLICH DIE ERSTEN BESTELLUNGEN EIN!

HOFMAN WURDE UNGEDULDIG.
WIE STEHT'S, HERR KAMANJA ... WIE STEHT'S?
BESUCHER AUS DER GANZEN ARABISCHEN WELT GABEN SICH DIE KLINKE IN DIE HAND, UM DAS PIANO ORIENTAL ZU SEHEN UND DEN VIERTELTON ZU HÖREN.
GLÜCKWUNSCH, MONSIEUR KAMANJA!
HABE DIE EHRE, MADAME.

ES GAB AUGENBLICKE DER ENTMUTIGUNG … UND AUGENBLICKE DER EUPHORIE!
… ERINNERST DU DICH AN DEN TAG, AN DEM MOHAMMED ABDEL WAHAB ABDALLAH ERZÄHLTE, DASS ER UMM KULTHUM
- UMM KULTHUM HÖCHST-PERSÖNLICH! -,
… VORSCHLAGEN WÜRDE, DAS PIANO ORIENTAL IN DAS ORCHESTER AUFZUNEHMEN?
AH, JA!
SIE HATTE IHM DIE „CARRRTE BLANCHE“ ERTEILT, WIE ER SAGTE!
ABDALLAH HAT SICH RIESIG GEFREUT!
SEUFZ …

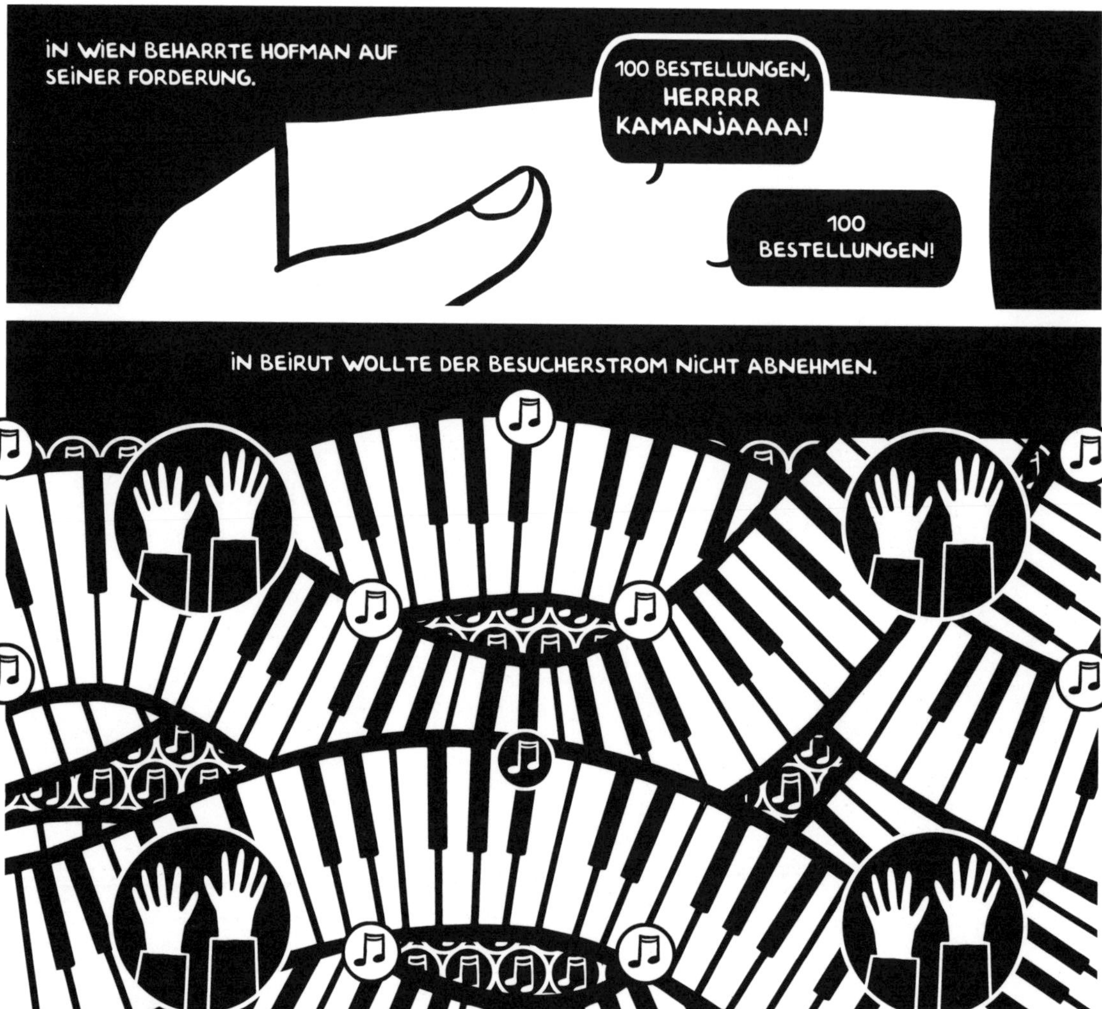

IN BEIRUT WOLLTE DER BESUCHERSTROM NICHT ABNEHMEN.

ABDALLAH FÜHRTE BUCH ÜBER DIE NEUEN BESTELLUNGEN

UND DAS PIANO ORIENTAL
WARTETE.

tac
tic
DIE ZEIT VERGING.

ABDALLAH WAR IMMER NOCH
WEIT VOM ZIEL ENTFERNT.

IM JANUAR 1975 TAT ABDALLAH KAMANJAS FRÖHLICHES HERZ EINEN LETZTEN SCHLAG.

HÄTTE MAN IHM ERZÄHLT, DASS NUR WENIGE MONATE NACH SEINEM TOD UMM KULTHUM STERBEN UND DIE ARABISCHE WELT ALS WAISE ZURÜCKLASSEN WÜRDE,
GEHT'S, JOSEPH?
DASS DER LIBANON, DEN VICTOR UND ER FÜR SO UNERSCHÜTTERLICH HIELTEN, IN EINEM 15 JAHRE DAUERNDEN BÜRGERKRIEG VERSINKEN
ÄHM
JA, JA ...
ES GEHT ...
UND DIE WELT SICH IN DIESEN 15 JAHREN, IN DENEN SICH DIE LIBANESEN GEGENSEITIG UMBRACHTEN, EINFACH WEITERDREHEN WÜRDE,

DIE GANZE NACHBARSCHAFT IST GEKOMMEN … ICH SAGE NADIA, SIE SOLL DEN KAFFEE BRINGEN.

UND DASS DIE MENSCHEN DIESER EPOCHE DIE ERSTE LANDUNG EINER SONDE AUF DEM MARS ERLEBEN WÜRDEN …
DANKE, MEIN SCHATZ.
KOMM, WENN DU SO WEIT BIST.

UND DEN IMPFSTOFF GEGEN HEPATITIS B, DEN TELETEXT, DAS ERSTE RETORTENBABY, MS DOS,

DAS POST-IT, DIE KONTAKTLINSEN, DAS GPS, AIDS, DEN AIDSTEST ...

UND AUSSERDEM ... DEN BOOM DER DIGITALEN SYNTHESIZER, DIE BALD ÜBER EINEN „ORIENTAL-MODUS" VERFÜGEN WÜRDEN,
WIE GEHT'S, ODETTE?
ES GEHT.
ES GEHT, MEIN SCHATZ.
...
ICH HAB NOUR ZUM SPIELEN IN DIE KÜCHE GESCHICKT.
JEDEN-FALLS ...
WAR ER EIN GENTLEMAN!
OH JA ...
seufz
WAS WILLST DU ...
... EINEN „ORIENTAL-MODUS",

DIE BESTEN
GEHEN IMMER
ALS ERSTES ...
GUTEN TAG,
DIE HERREN.
... DER WIE DURCH ZAUBERKRAFT UND OHNE
DEN GERINGSTEN AUFWAND DEN VIERTELTON DER
ORIENTALISCHEN MUSIK WIEDERZUGEBEN VERMOCHTE, ...

... UND DER SEIN KLAVIER - ABDALLAHS KLAVIER, AN DEM ER JAHRELANG GETÜFTELT UND DAS IHN SEIN GANZES LEBEN BEGLEITET HATTE - VÖLLIG ÜBERFLÜSSIG MACHTE, ... BEVOR ES ÜBERHAUPT RICHTIG EXISTIEREN KONNTE.

... WENN MAN IHM ERZÄHLT HÄTTE, DASS SEIN PIANO ORIENTAL NICHT RECHTZEITIG SEIN PUBLIKUM EROBERN UND ES NICHT DIE WELT UMRUNDEN, SONDERN ALS STUMMES EINZELEXEMPLAR IN BEIRUT IN VERGESSENHEIT GERATEN WÜRDE,
PFUIT
EINEN KAFFEE, VICTOR?
PFUIT
EINEN KAFFEE, ERNEST?
DANKE, NADIA.
schnaff
DANKE, NADIA.
schniff
SCHLÜRF
SCHLÜRF
HÄTTE ABDALLAH KAMANJA GANZ BESTIMMT BLOSS GEISTESABWESEND MIT DEM KOPF GENICKT, EIN HALBHERZIGES „ACH SO?“ GEMURMELT UND SICH WIEDER PFEIFEND ANS KLAVIER GESETZT, ...

... DENN ALLES, WAS ER WOLLTE, WAR, WEITER MUSIK ZU MACHEN.
?
?
?
?
?
?
?
?
HA!
HA!

MIR GEFÄLLT DIE VORSTELLUNG, DASS MEIN URGROSSVATER, ABDALLAH KAMANJA, DIESER KLEINE MANN, DER ZU ALLEN VERABREDUNGEN IMMER ZU SPÄT KAM, ...

WENIGSTENS EIN EINZIGES MAL

EIN BISSCHEN ZU FRÜH DRAN WAR.

SEIT 2004 FAHRE ICH SO OFT WIE MÖGLICH „HEIM“ NACH BEIRUT.

DER BLICK AUS DEM FENSTER IST NICHT MEHR DERSELBE.

JE MEHR JAHRE VERGINGEN,

DESTO LEICHTER WURDE MEIN KOFFER.

DIE PROZEDUR WAR IMMER DIE GLEICHE.

ODER FAST ...

ICH NAHM DEN SCHUHKARTON

UND FLOG HEIM,

NACH PARiS.

Die Autorin erhielt 2010 ein Schreibstipendium des CNL.
Einige Seiten dieses Buchs wurden während eines durch die Region Île de-France und das Departement Seine-et-Marne geförderten Aufenthalts in der Médiathèque Départementale de Seine-et-Marne angefertigt. Andere entstanden auf Anregung der Archives Départementales des Bouches-du-Rhône für die Ausstellung „La France et le Liban", die 2013 in Zusammenarbeit mit Les Rencontres du 9e Art im centre aixois des Archives Départementales präsentiert wurde.
Den letzten Schliff erhielt das Werk im Atelier Kawa, im Rahmen eines zweimonatigen Aufenthalts in La Bulle – Médiathèque de Mazé.

Ein großes Dankeschön an Thierry Smolderen und Quentin Smolderen, die sich die Zeit nahmen, mir die Mysterien des Vierteltons zu erklären.

IN ERINNERUNG AN MEINEN GROSSVATER
JOSEPH CHAHINE

DIE FIGUR DES ABDALLAH KAMANJA
IST INSPIRIERT VOM LEBEN DES
ABDALLAH CHAHINE, DEM PIANISTEN
UND KLAVIERSTIMMER, DER IN DEN
50ER JAHREN IN BEIRUT LEBTE UND
DAS PIANO ORIENTAL ERFAND.